物流与供应链管理研究

田 青 著

中国原子能出版社

图书在版编目(CIP)数据

物流与供应链管理研究 / 田青著. —北京:中国原子能出版社,2020.8 (2021.9 重印)

ISBN 978－7－5221－0773－8

Ⅰ.①物… Ⅱ.①田… Ⅲ.①物流管理—研究②供应链管理—研究 Ⅳ.①F252

中国版本图书馆 CIP 数据核字(2020)第 151852 号

物流与供应链管理研究

出版发行 中国原子能出版社(北京市海淀区阜成路 43 号 100048)

责任编辑 胡晓彤

装帧设计 刘慧敏

责任校对 刘慧敏

责任印刷 肖会娟

印　　刷 三河市明华印务有限公司

经　　销 全国新华书店

开　　本 787 mm×1092 mm 1/16

印　　张 12.75

字　　数 220 千字

版　　次 2020 年 8 月第 1 版 2021 年 9 月第 2 次印刷

书　　号 ISBN 978－7－5221－0773－8 **定　价** 68.00 元

网址:http://www.aep.com.cn E-mail:atomep123@126.com

发行电话:010－68452845

前言 PREFACE

随着“物流热”愈演愈烈，我国的物流业快速发展，并成为我国国民经济新的增长点。而21世纪的全球物流更是进入了供应链时代，随着科技的进步和管理理论的创新发展，越来越多企业通过寻求供应链体系下的物流创新来建立企业新的物流管理模式，这也成为当代企业发展的新趋势。世界时刻在变化，这给运输、仓储、第三方物流、国际物流、制造业物流等带来了巨大的挑战，所以企业在供应链管理中必须追求自身变革求得创新才能面对挑战。我国目前供应链管理中存在的问题主要是物流成本过高，解决的对策是应用新技术、发展绿色物流。本书针对这些问题，做全面系统的分析。

本书从物流与供应链管理总论出发，详细介绍了物流战略管理，供应链战略管理，物流系统规划，仓储管理与库存控制，运输与配送管理，装卸搬运、包装与流通加工管理等方面的内容，最后对供应链绩效评价与激励进行研究与讨论，以期通过本书的介绍，能够为物流与供应链管理的发展和完善提供帮助。

本书由田青（山西大学商务学院）著。在写作过程中，笔者参考了部分相关资料，获益良多。在此，谨向相关学者师友表示衷心感谢。

由于水平所限，有关问题的研究还有待进一步深化、细化，书中不足之处在所难免，欢迎广大读者批评指正。

著　者

2020年8月

目 录 CONTENTS

第一章　物流与供应链管理总论

第一节　物流与供应链管理相关概念及其内涵

物流是国民经济的动脉系统，物流产业正成为各企业、各地区乃至各国家的新的经济增长点。

一、物流的内涵、特征与作用

“物流”泛指物质资料实体在进行社会再生产过程中，在空间有目的性的（从供应地向接收地）实体流动过程。它联结生产和消费，使货畅其流，物尽其用，促进生产不断发展，满足社会生产、消费的需要。也有文献表述为“高效、低成本地将原材料、在制品储备、产成品等由其始发地至消费地的流动和储存及与其有关的信息流进行计划、实施和控制的过程，以达到满足用户需求的目的”；“物流是物质资料从供给者到需求者的物理性运动（包括处在供给者内部的物理性运动），是创造时间价值和场所价值的活动（包括一定的加工附加值）”。

物流是由“物”和“流”两个基本要素组成的，物流中的“物”指一切可以进行物理性位置移动的物质资料。即“物”的一个重要特点是，必须可以发生物理性位移。

物流中的“物”通常与以下几个概念相关：①物资。泛指物质资料，较多指工业品生产资料。物资是“物流”中物的组成部分。②物料。它是生产领域中的一个专门概念。生产企业中除最终产品之外，在生产领域流转的一切材料（不论是生产资料还是生活资料），如燃料、零部件、半成品、外协件及生产过程中必然产生的边、角、余料、废料及各种废物等统称为“物料”，它是物流中“物”的一部分。③货物。它是交通运输领域中的一个专门概念。交通运输领域经营的对象分为“物”和“人”两大类，除“人”之外，“物”统称为货物。它也是物流中“物”的一部分。④商品。商品和物流的"物"是互相包含的。商品中的一切可发生物理性位移的物质实体都是物流研究的“物”（即不包括无形商品和“不动品”）。物流的“物”有可能是商品，也有可能是非商品。⑤物品。有形物的通称。总之，物流中所称的“物”，是物质资料世界中同时具备物质实体特点和可以进行物理性位移的那一部分物质资料，无论其处在哪个领域、哪个环节。

物流中的“流”，指的是物理性运动。这种运动也称为“位移”，而诸如建筑物、未砍伐的森林、矿体等因不发生物理性运动（尽管其所有权会发生转移），就不在物流的研究范畴。但建造建筑物的材料、已经砍伐的树木、已经开采出来的矿物就成为物流的对象。

对物流的定义，学者们出于不同的侧重点（企业、工程、管理）有各种不同的提法，一般来说归纳为狭义的和广义的两种。狭义的“物流”，仅指作为商品的物质资料的空间运动过程，属于流通领域的范畴。广义的“物流”，则还包括物质资料在生产过程中的运动过程，即物流既发生在流通领域，又包含在生产领域内。我们研究的是广义的物流。

“物流”作为一个专用学科名词，它包含物质资料在流动过程中的技术和管理活动。因此，“物流”的含义可以表述为物质资料在生产过程中各个生产阶段之间的流动和从生产场所到消费场所之间的全部运动过程；包括运动过程中的空间位移及与之相关联的一系列生产技术性活动。这个技术包括自然技术和管理技术。物流技术的提高，降低了物质资料、产成品在流转过程中的费用，提高了经济效益和社会效益，因此物流被喻为“第三利润源泉”。

就物流的实质而言，它应包括以下四个主要方面：①实质流动，指原材料、半成品及产成品的运输。②实质存储，指原材料、半成品及产成品的存储。③信息流通，指相关信息的联网。④管理协调，指对计划、实施进行有效控制的过程。

二、物流管理的内涵与特征

物流管理（logistics management，LM）是指在社会再生产过程中，根据物质资料实体流动的规律，应用管理的基本原理和科学方法，对物流活动进行计划、组织、指挥、协调、控制和监督，使各项物流活动实现最佳的协调与配合，以降低物流成本，提高物流效率和经济效益。物流管理是建立在系统论、信息论和控制论的基础上的。

根据中华人民共和国国家标准《物流术语》的定义，物流管理是指为了以合适的物流成本达到用户满意的服务水平，对正向及反向的物流活动过程及相关信息进行的计划、组织、协调与控制。

物流管理成功的关键在于对物流活动进行全面的和整体的规划，制定合理的物流发展战略，合理安排资源配置，从而降低成本、提高对顾客的服务水平。对物流管理概念的理解有以下几点需要注意。

第一，对物流活动进行计划、组织、协调和控制是物流管理的职能。物流管理不仅仅是对物流功能要素的管理，而且是一个动态、综合、全过程的管理。

第二，由于物流各要素之间存在着效益背反现象，例如，多批次的交货能够降低客户的库存压力，但会增加企业的运输成本，物流管理就是要通过有效的计划、组织、协调和控制等手段，合理地组织各种要素的集成，实现整体最优。

第三，物流管理的目标是实现低成本的同时确保物流服务质量让用户满意。这就决定了物流管理的重点是物流成本和服务的管理。

三、供应链与供应链管理的概念

供应链(supply chain，SC)的概念在20世纪80年代末提出，近年来随着全球制造(global manufacturing)的出现，供应链在制造业管理中得到普遍应用，成为一种新的管理模式。供应链管理(supply chain manufacturing，SCM)提出的时间虽不长，但已引起人们的广泛关注。国际上一些著名的企业如惠普公司、IBM公司、DELL计算机公司等在供应链实践中取得了巨大的成绩。

供应链至今尚无一个公认的定义，在供应链管理的发展过程中，有关专家和学者提出大量的定义，这些定义其实是在一定的背景下提出的，而且是不同发展阶段的产物，可以把这些定义大致划分为以下三个阶段。

(一)强调是物流管理过程的阶段

同一切新生事物一样，人们对供应链的认识也经历了一个由浅到深的过程。马士华教授认为，“供应链管理的研究最早是从物流管理开始的”。早期的观点认为：供应链是指将采购的原材料和收到的零部件，通过生产转换和销售等活动传递到用户的一个过程。因此，供应链也仅被视为企业内部的一个物流过程，它所涉及的主要是物料采购、库存、生产和分销诸部门的职能协调问题，最终目的是优化企业内部的业务流程，降低物流成本，从而提高经营效率。基于这种认识，在早期有人将供应链仅仅看作物流企业自身的一种运作模式。

此后，随着产业环境的变化和企业间相互协调重要性的上升，人们逐步将对供应环节重要性的认识从企业内部扩展到企业之间。因此，供应商被纳入供应链的范畴。在这一阶段，人们主要是从某种产品由原料到最终产品的整个生产过程来理解供应链的。在这种认识下，加强与供应商的全方位协作，剔除供应链条中的“冗余”成分，提高供应链的运作速度成为核心问题。

（二）强调是价值增值链的阶段

进入20世纪90年代，人们对供应链的理解发生了新的变化：首先，由于需求环境的变化，原来被排斥在供应链之外的最终用户、消费者的地位受到了前所未有的重视，从而被纳入供应链的范围。这样，供应链就不再只是一条生产链了，而是一个涵盖了整个产品“运动”过程的增值链。

清华大学蓝伯雄教授认为：所谓供应链就是由原材料供应商、生产商、分销商、运输商等一系列企业组成的价值增值链。原材料零部件依次通过“链”中的每个企业，逐步变成产品，交到最终用户手中，这一系列的活动就构成了一个完整的供应链（从供应商的供应商到客户的客户）的全部活动。

美国的史蒂文斯认为：“通过增值过程和分销渠道控制从供应商的供应商到用户的用户的流程就是供应链，它开始于供应的源点，结束于消费的终点。”概念中强调供应链的外部环境。Fred A. Kuglin 在其《以顾客为中心的供应链管理》一书中，把供应链管理定义为：“制造商与它的供应商，分销商及用户也即整个‘外延企业’中的所有环节——协同合作，为顾客所希望并愿意为之付出的市场，提供一个共同的产品和服务。”这样一个多企业的组织，作为一个外延的企业，最大限度地利用共享资源（人员、流程、技术和性能评测）来取得协作运营，其结果是高质量，低成本，迅速投放市场并获得顾客满意的产品和服务。

根据美国生产和库存控制协会（APICS）第九版字典中的定义：“供应链管理是计划，组织和控制从最初原材料到最终产品及其消费的整个业务流程，这些流程链接了从供应商到顾客的所有企业。供应链包含了由企业内部和外部为顾客制造产品和提供服务的各职能部门所形成的价值链。”APICS 关于 SCM 定义的前半部分说明 SCM 所涉及的理论源于产品的分销和运输管理。供应链“涵盖了从原材料供应商，经制造和分销商到最终用户的整个产品的物流”。事实上许多作者对 SCM 和物流管理（logistics management，LM）的定义并没有严格的区分，认为 SCM 不过是 LM 的新名词而已，然而 SCM 更着重于从原材料供应商到最终用户所有关键业务流程的集成，许多非物流管理的流程也必须集成到整个供应链中。SCM 定义的后半部分说明价值增值是供应链的基本特征，有效的供应链必定是一个增值链。也就是说，在供应链中的各个实体，无论从事什么样的活动，其对产品转换流程的增值必须大于成本。

(三)强调是“网链”的阶段

随着信息技术的发展和产业不确定性的增加，今天的企业间关系正在呈现日益明显的网络化趋势。与此同时，人们对供应链的认识也正在从线性的“单链”转向非线性的“网链”，哈理森将供应链定义为：“供应链是执行采购原材料，将它们转换为中间产品和成品，并且将成品销售到用户的功能网链。”

供应链的概念更加注重围绕核心企业的网链关系，即核心企业与供应商、供应商的供应商的一切前向关系，与用户、用户的用户及一切后向关系。供应链的概念已经不同于传统的销售链，它跨越了企业界线，从扩展企业的新思维出发，并从全局和整体的角度考虑产品经营的竞争力，使供应链从一种运作工具上升为一种管理方法体系，一种运营管理思维和模式。伊文思认为：“供应链管理是通过前馈的信息流和反馈的物料及信息流，将供应商、制造商、分销商、零售商，直到最终用户连成一个整体的管理模式。”

马士华教授认为：“供应链是围绕核心企业，通过对信息流、物流、资金流的控制，从采购原材料开始，制成中间产品及最终产品，最后由销售网络把产品送到消费者手中的将供应商、制造商、分销商、零售商直到最终用户连成一个整体的功能网链结构模式。”他认为，供应链是一个范围更广的企业结构模式，它包含所有加盟的节点企业，从原材料的供应开始，经过链中不同企业的制造加工、组装、分销等过程直到最终用户。它不仅是一条连接供应商和用户的物料链、信息链、资金链，而且是一条增值链，物料在供应链上因加工、包装、运输等过程而增加其价值，给相关企业都带来收益。

现在，供应链的概念更加注重围绕核心企业的网链企业战略合作关系。如核心企业与供应商、供应商的供应商乃至一切前向的关系，与用户、用户的用户及一切后向的关系。此时供应链的概念成为一个网链的概念，像丰田(Toyota)、耐克(Nike)、尼桑(Nissan)、麦当劳(McDonalds)和苹果(Apple)等公司的供应链管理都从网链的角度来实施，强调供应链的战略伙伴关系问题，飞利浦和温德尔认为供应链中战略伙伴关系是很重要的，通过建立战略伙伴关系，可以与重要的供应商和用户更有效地开展工作。

四、供应链管理的发展概述

(一)供应链管理的概念

供应链管理(supply chain management,SCM),《物流术语》国家标准将其定义为:对供应链涉及的全部活动进行计划、组织、协调与控制。

供应链管理就是要对传统的、自发运行的供应链进行人为的干预,使其能够按照企业的意愿,对相关合作伙伴的工作流程进行整合,从而达到供应链整体运作绩效最佳的效果。因此,供应链管理所反映的是一种集成的管理思想和方法。关于供应链管理的定义还有很多其他说法。比如,Evens 认为:"供应链管理是通过前馈的信息流和反馈的物料流及信息流,将供应商、制造商、分销商、零售商,直到最终用户连成一个整体的管理模式。"菲利普认为供应链管理不是供应商管理的别称,而是一种新的管理策略,它把不同企业集成起来以提高整个供应链的效率,注重企业之间的合作。

(二)供应链管理的产生

供应链管理的概念被明确提出是在 20 世纪 80 年代中期。这期间,由于国际经济环境的变迁,促进了管理理念的发展和演变,孕育了供应链管理理念的雏形。

竞争环境的变化使得市场由卖方转变成为买方市场,顾客的需求发生了快节奏、多样性和定制化的变化。这使得"纵向一体化"的管理模式很难快速响应新的市场机制,并意味着企业还要承担丧失市场机会的风险。快速提供高质量、低成本、使多种类型的顾客满意的产品,成了企业首要关注的问题。于是,精明的企业开始把自己不擅长的非核心业务外包出去,利用内外部资源提升企业的核心能力,但也带来了大量处理企业信息与沟通的交易成本,诸如价格比较、谈判、签约、监督、履约等费用。

(三)供应链管理的特点

供应链是指商品到达消费者手中之前各相关者的连接或业务的衔接,是围绕核心企业,通过对信息流、物流、资金流的控制,从采购原材料开始,制成中间产品及最终产品,最后由销售网络把产品送到消费者手中的将供应商、制造商、分销商、零售商，直到最终用户连成一个整体的功能网链结构。现代供应链管理主要有以下特点。

1. 复杂性

供应链由于节点企业组成的跨度及层次不同，并且往往由多个类型甚至多个企业构成，因此供应链结构模式比一般单个企业的结构模式更为复杂。

而且很多供应链是跨地区、跨行业及跨国的组合，各国的国情、民族、法律、人文、地理、风俗、宗教都有很大的差异，经济发达程度、物流基础设施、产业发展水平、物流管理水平和相关技术能力也有很大的不同；而供应链操作过程必须保证其目的的正确性、行动的快速反应性及高质量的服务性，这些都反映了供应链复杂性的特点。

2. 虚拟性

供应链是一个分工协作的组织，并不是一个有实体的集团企业。这种协作组织以协作的方式组合在一起，依靠信息网络的支撑和相互信任的关系，为了共同的利益，强强联合，优势互补，协调运转。供应链同时要保持高度的竞争力，必须是优势企业之间的连接，因此组织内的吐故纳新、优胜劣汰是必然的。

3. 交叉性

节点企业可以是这个供应链的成员，同时也可以是另外一个供应链的成员。众多供应链呈交叉结构，增加了供应链管理的难度。

4. 选择性和动态性

供应链的成员都是在众多企业中筛选出来的合作伙伴，合作关系具有不固定性，而且经常在不断地进行调整。供应链需要随目标的转变而转变，随服务方式的变化而变化，它随时处于一个动态调整的过程之中。

供应链管理因为企业战略的变化和适应市场需求变化的需要，其中节点企业自身也需要进行动态更新，这使得供应链具有更明显的动态性。

5. 协调性和整合性

供应链本身就是一个整体合作、协调一致的系统。它有多个合作者，像链条一样环环相扣，大家为了一个共同的目标，协调动作，紧密配合。每个供应链成员都是“链条”中的一个环节，都要与整个供应链的动作保持一致，绝对服从全局，做到方向一致。

6.面向客户需求

供应链的产生、发展、优化，都是建立在一定的市场需求基础上的。在供应链的运作过程中，用户的需求拉动是供应链中物流、商流、信息流、资金流运作的动力来源。

第二节　物流的构成要素与分类

一、物流的构成要素

物流的流体、载体、流向、流量、流程和流速构成了物流的六要素。

（一）流体——物流实体（产品）

流体包含以下两个属性。

第一，自然属性——物理、化学、生物学属性。物流管理的任务之一是要保护好流体，使其自然属性不受损坏，因而需要对流体进行检验、养护，在物流过程中需要根据物质实体的自然属性合理安排运输、保管、装卸等物流作业。

第二，社会属性——价值属性。有些关系国计民生的重要商品作为物流的流体还肩负着国家宏观调控的重要使命，因此在物流过程中要保护流体的社会属性不受任何影响。

（二）载体

载体指物流过程中流体借以流动的设施和设备。载体分成以下两类。

第一，固定基础设施——线路和场站（如铁路、公路、水路、港口、车站、机场等基础设施，它们大多是固定的）。

第二，承载设备——移动设备（车、船、飞机、集装器具等）。

（三）流向

流向是指流体从起点到终点的流动方向。物流流向通常可以分为以下四种。

第一，自然流向。自然流向指根据产销关系所决定的商品的流向。商品从其产地流向销地，表明对该产品的客观需要。

第二，计划流向。计划流向指根据流体经营者的商品经营计划而形成的商品流向，即商品从供应地流向需要地。

第三，市场流向。市场流向指根据市场供求规律由市场确定的商品流向。

第四，实际流向。实际流向指在物流过程中实际发生的流向。

在确定物流流向时，理想的状况是商品的自然流向与商品的实际流向相一致，但由于计划流向与市场流向都有其存在的前提，还由于载体的原因，导致商品的实际流向经常偏离自然流向。

（四）流量

流量是指流体在一定流向上通过载体的数量表现。流量按流向分为自然流量、计划流量、市场流量和实际流量；按实际和理论发生的流量分为实际流量和理论流量。

从物流管理角度来看，理想状况的物流应该是在所有流向上的流量都均匀分布，这样，物流资源利用率最高、组织管理最容易。但是实际上，在一定的统计期间内，在一个流向上流量达到均衡的物流是不存在的，在流体之间、载体之间、流向之间、承运人和托运人之间的实际物流流量不可能出现均衡，这样，就需要从宏观物流管理的角度，通过资源的合理配置、采用合理的物流运行机制等手段消除物流流向和流量上的不均衡。

（五）流程

流程是指流体通过载体在一定流向上实现空间位移的数量表现。流程的大小对物流成本水平及物流载体形式的选择等有重要影响。流程与流向、流量一起构成了物流向量的三个数量特征。

（六）流速

流速是指流体通过载体在一定流程上的速度表现。流速与流向、流量、流程是构成物流的四大量化要素，是衡量物流效率和效益的重要指标。

物流的流体、载体、流向、流量、流程和流速六要素之间有极强的内在联系，如流体的自然属性决定了载体的类型和规模，流体的社会属性决定了流向和流量，载体对流向和流量有制约作用，载体的状况对流体的自然属性和社会属性均会产生影响，流体、载体、流向、流程等决定流速。因此，进行物流活动要注意处理好六要素之间的关系，否则就会使物流成本提高、服务质量降低、效益低下、效率下降。

二、物流要素之间的关系

物流系统要素是组成物流系统的部分，这些部分组成了物流系统这个整体。但是要素在目标、产权和运作上不可避免地存在一些冲突。

（一）要素目标冲突

从运输的角度来看，为了降低运输费用，常采用以下一些方法组织运输：一是在制订运输方案时，尽量采用整车发运来节约运费；二是采用运费较低的铁路发运；三是按照铁路运价中“递远递减”的原则（随着运输距离的增长，每公里运价水平逐渐降低），在长途运输中，对于时效性要求不高的商品采用火车运输而不采用公路或者其他运输方式。

以上三种措施能够实现降低运输费用的目的，但也会导致收货人一次收货的数量增加、收货间隔期延长、在途运输时间延长等问题，进而导致收货企业库存水平提高，库存成本增加。

从储存的角度来看，为了达到降低库存水平的目的，企业可能采取以下一些方法。

第一，减少每次收货的数量，增加收货次数，缩短收货周期，如新兴的“零库存”仓储模式。

第二，宁可紧急订货，也不愿提前大批量订货。

以上两种降低库存水平的措施要求供货部门必须实行“小批量、多批次、短周期”的送货，这样，运输的经济规模就无法达到，导致运输成本增加。

从以上的分析可以看出，企业的运输目标（从降低运输成本角度考虑）与企业的储存目标（从降低储存成本角度考虑）这两个最基本的系统目标是冲突的。在物流系统还没有形成时，单一追求各自目标是难以同时实现的，因此必须在建立物流系统时通过系统集成来调和。物流系统中像这样的目标冲突在其他要素之间还存在。那么，让我们来思考一下，在物流系统中还有哪些目标存在冲突呢？

(二)要素产权冲突

一条供应链上的物流系统是由不同产权组织共同完成的,因此供应链上的物流系统都有比较明晰的边界。然而物流系统一体化要求与这个系统边界一致的产权边界,这样,要素产权冲突就产生了。

在由各种运输方式和其他各种资源参与下的更加庞大的物流载体系统中,情况更加复杂,一个物流系统包含表现复杂产权关系的载体系统,一个公司要建立的物流系统只是在一段时间、一定区域重复使用这些载体中的一部分,在中国就要克服这种载体产权的分散性与物流系统的统一性之间的矛盾,这是任何想建立、使用或者经营物流系统的单位或者个人都不可能回避的问题,但是载体的产权矛盾对于建立和经营物流系统的单位与个人来说更为重要。

(三)要素运作冲突

物流系统的各种要素都有各自的运作规律和标准,在没有建立统一的物流运作规范和标准的情况下,由于要素之间在运作上互相不能适应对方的业务特点和流程、标准、规范、制度、票据格式等而产生的矛盾很普遍。

以托盘为例。托盘(pallet)是用于集装、堆放、搬运和运输的放置作为单元负荷的货物和制品的水平平台装置。如果商品在一个物流系统中都以托盘为基础来进行运输、储存等作业的话,可以减少装卸搬运次数,降低装卸搬运损失,减少中间作业量,提高作业效率,加快物流速度。但是,托盘是低值易耗品,物流系统的上游、中游和下游企业都使用自己公司的托盘,这些托盘可能在尺寸、材质、价格、使用寿命、质量、新旧程度、样式等方面存在差异,其直接后果是托盘不可流通,这就影响了托盘在物流中效益的发挥,使用托盘还增加了中间作业成本,因此很多企业干脆不用托盘,主导企业则强迫其他协作企业采用自己的托盘,这是一种推行物流托盘标准的方法,但这并不一定是最佳的方法。

总之,要素之间的冲突时刻都存在,企业建立物流系统的工作从某种意义上讲就是解决物流系统组成要素之间方方面面存在的冲突的过程,因此企业必须首先认识到这些冲突,然后找出解决这些冲突的办法。

三、物流的分类

虽然物流基本功能要素是共同的,但是由于物流对象不同、目的不同、范围不同，形成了不同类型的物流。按不同的标准，可以将物流分为不同的类型。

（一）按物流研究的范围可分为宏观物流和微观物流

1. 宏观物流

宏观物流是指社会再生产总体的物流活动，是从总量经济的角度去认识和研究物流活动的，属于大空间范畴的物流活动，往往带有宏观性，如全国物流、全球物流等。宏观物流研究的主要特点是综合性和全局性。

2. 微观物流

微观物流是指社会再生产个体的物流活动，是从个体经济的角度去认识和研究物流活动的，属于小空间范畴的物流活动，如包括采供物流、生产物流、销售物流、回收物流、废弃物流在内的企业物流和生活物流都属于微观物流。微观物流研究的特点是具体性和局部性。

（二）按生产经营过程中所处的阶段可分为采供物流、生产物流、销售物流、回收物流及废弃物流

1. 采供物流

采供物流是指企业生产所需的一切物资（包括原料、辅料、燃料、零部件、半成品等）的采购、进货运输、仓储、保管、物品发放等作业过程。

2. 生产物流

生产物流是指原材料、燃料、辅料、外购件投入生产后，经过下料、发料、运送到各个加工点和存储点，以在制品的形态，从一个生产单位（车间）流入另一个生产单位（车间），按照规定的生产工艺过程进行加工、储存的全部生产过程。生产物流的形式和规模取决于生产的类型、规模、方式和生产的专业化与协作化水平。

3. 销售物流

销售物流是指在销售活动中，完成其产品从生产地到用户所在地的时间和空间转移的过程。销售物流是企业赖以生存和发展的条件，是连接消费者的桥梁，

具有很强的服务性。

4. 回收物流

回收物流是指不合格品的返修、退货及周转使用的包装容器从需求方返回到供应方所形成的物品实体流动过程。回收物品品种繁多，流通渠道也不规则，且多有变化，管理和控制的难度比较大。

5. 废弃物流

废弃物流是指将经济生活中失去使用价值的物品，根据实际需要进行收集、分类、加工、包装、搬运、储存等，并分送到专门处理场所时形成的物品实体流动过程。废弃物流没有经济效益，但有不可忽视的社会效益，如有利于环境保护。

(三)按物流活动的空间范围可分为地区物流、国内物流和国际物流

1. 地区物流

地区物流是指地区局部范围内的物流活动，如南京物流、上海物流等。地区物流系统对于提高该地区企业物流活动的效率及保障当地居民的生活具有不可缺少的作用。

2. 国内物流

国内物流是指全国范围内的物流活动。国家作为一个政治经济实体，所制定的各项政策法规都应该从自身整体利益出发为全国民众服务。国家在物流现代化的推进过程中主要发挥行政调控作用，提供私人不愿投资、实际又非常需要的公共产品，如制定各种物流方面的政策法规，确定物流活动的操作标准，投资物流基础设施。

3. 国际物流

国际物流是不同国家之间的物流活动。国际物流是国际贸易的重要组成部分，各国之间的相互贸易最终是通过国际物流来实现的。全球经济一体化是当前世界经济的发展趋势。

4. 按照物流活动的承担主体可分为第一方物流、第二方物流和第三方物流

第一,第一方物流。第一方物流是指供应商销售其产品而进行的物流活动。

第二,第二方物流。第二方物流是指用户从供应商处购进各种货物而形成的物流。

第三,第三方物流。第三方物流是指由货物供应方、需求方以外的第三方去完成的物流活动。第三方物流企业是专业性的物流公司,在整合各种资源的基础上,为客户提供包括问题诊断、设计规划和具体物流业务运作等综合物流服务。

第三节　第三方物流与第四方物流

一、第三方物流

(一)第三方物流的概念

第三方物流又被称为外包物流或合同物流,它是指由物流劳务的供方、需方之外的第三方去完成物流服务的运作方式,它是社会分工下物流专业化的一种表现形式,从其运作内容看,不仅包括仓储、运输和 EDI(电子数据交换),也包括订货与自动补货、选择运输工具、包装与贴标签、产品组配等。第三方物流的范围包括任何一种物流服务的外部采购,包括在交易基础上对运输和仓储服务的传统采购,也包括对非传统物流服务的购买行为。但从严格意义来说,第三方物流是指多项物流活动的采购行为,是对多种或综合服务的采购,涉及计划、控制和实施过程的采购,通常涉及长期业务关系。第三方物流基本的价值增值来自管理信息和知识。

(二)第三方物流的分类

按照不同的分类标准,第三方物流有不同的类型。

第一,按第三方物流企业来源构成,可以把第三方物流企业分为以下几类:从传统仓储、运输、货代等企业基础上改造转型而来的第三方物流企业;从工商企业原有物流服务职能剥离出来的第三方物流企业;不同企业、部门之间物流资源互补式联营而来的第三方物流企业;新创办的第三方物流公司。

传统转型第三方物流企业占我国物流市场的50%左右。这类转型后的第三方物流企业主要包括以传统运输为基础的第三方物流企业、以传统仓储为基础的第三方物流企业、以货运代理为基础的第三方物流企业、以生产制造为基础的第三方物流企业和以邮政为基础的第三方物流企业。如中远物流和中铁物流，这些大型的国有企业所拥有的全国性的经营网络、各种运输工具和仓储资产发挥了重要作用，成为提供第三方物流服务的保证。这些转型的第三方物流企业可获得一定的政策倾斜和政府扶持，还可以利用以前的客户资源和良好的客户关系，为客户继续提供服务。但由于转型并不彻底，特别是最根本的内部组织结构和运作机制并没有根本性的转变，所以这些企业还存在效率较低、冗余人员比例较高、固有经营理念未改变等弊端。

从工商企业原有物流服务职能剥离出来的第三方物流企业是由大型制造企业的物流部转变而来的，如海尔物流、安得物流等。这些新办的国有或国有控股的新型物流企业是现代企业改革的产物。这种类型的物流公司原先主要为内部客户服务，经过长时间的合作、熟悉母公司业务，在为母公司提供物流服务方面具有专长。但是这些物流企业往往难以与专业物流企业竞争，需要进一步调整企业战略，逐步扩大经营范围，提高企业竞争力。

第二，按第三方物流企业的资本归属，可以分为外资和中外合资物流企业、民营物流企业和国有物流企业。

国际第三方物流企业能充分利用其自身的成熟先进的经营管理模式和优质服务，吸引中国本土企业成为其新客户，实现向中国物流市场逐步渗透。

第三，按第三方物流企业物流服务功能的主要特征，可分为运输型物流企业、仓储型物流企业和综合服务型物流企业。

第三方运输型物流企业主要从事以下业务服务：①汽车运输：主要指整车货物的陆路运输，以长途汽车运输为主；②零担：也称LTL运输，指不满一个货运汽车的零散货物运输，往往涉及不同发货人的拼装运输；③专一承运：指运输工具专门为一个客户使用的运输形式，也称合同运输；④多式联运：指一项货物运输业务同时涉及海运、陆运、空运或其中两种以上的运输方式；⑤水运：指沿海、内河、远洋等水上运输；⑥铁路运输；⑦包裹：指小件的运输，其特点是实效性强，可能涉及空运、汽运、铁路等各种运输方式；⑧设备：专门提供运输设备的服务；⑨司机：出租职业司机的物流服务；⑩车队：指提供车队管理服务。

第三方仓储型物流企业主要从事以下业务服务：①越库：越库，英文为Cross-clocking，指货物仅在仓库交叉分装，基本没有停留过程的行为；②上门收货服务：

收货并入仓库存储;③包装/次级组装:货物在仓储环节的包装服务和进一步的打码、重新包装等;④完善:指生产流程中没有完成的部分生产过程在仓储环节中进一步完善的行为;⑤分货管理:按不同的客户分类、分组储存和管理;⑥存货及管理:指以存货数量管理为主体的仓储服务,仓储的同时,依据销售数据,对提供存货数量预测、监督、调整的服务;⑦位置服务:指按照销售分布或生产分布对仓储或配送中心的位置进行咨询、设计、选址的服务。

第三方综合服务型物流企业是指除运输和仓储服务外,企业还提供以下增值服务:①逆向物流:也称反向物流,指产品回收、更换、处置等物流过程;②直接配送到商店:产品从工厂到零售商店的过程;③进/出口清关:代理进出口报关,编制单证等服务;④ISO 认证:物流企业或相关国际质量标准的认证服务;⑤直接送货到家:上门送货到家庭的服务。⑥第三方物流国际互联网服务和技术服务。

第四,按第三方物流企业资源占有多少可分为资产基础型第三方物流公司和非资产基础型第三方物流公司。

所谓资产基础型第三方物流,是指本身拥有仓库、运力等一种或多种有形物流资产,并依托其资源提供核心服务。资产基础型第三方物流的资产有两种类型:一是指机械、装备、运输工具、仓库、港口、车站等从事实物物流活动,具有实物物流功能的资产。二是指信息资产,包括信息系统硬件、软件、网络及相关人才等。传统物流和物流的区别在于,传统物流服务企业只依靠第一种类型资产,而物流企业具备两种类型的资产。

非资产基础型第三方物流是指物流供应商不拥有或租赁资产,而是以人才、信息和先进的物流管理系统作为向客户提供服务的手段,并以此作为自身的核心竞争力。非资产基础型第三方物流由于自己不拥有需要高额投资和经营费用的物流设施、装备,而是灵活运用别人的这些生产力手段,这就需要有效的管理和组织,而且信息技术的支撑是十分重要的。非资产基础型第三方物流的运作模式包括综合物流代理运作模式和软件技术及信息服务型运作模式。

(三)第三方物流的特征

从发达国家物流业的状况看,第三方物流在发展中已逐渐形成鲜明特征,突出表现在以下五个方面。

第一,合同化关系。第三方物流是通过契约形式来规范物流经营者与物流消费者之间关系的。根据合同来实施具体的操作。

第二，服务个性化。根据不同消费者的不同需求，来增强自身的服务，来满足消费者。

第三，功能专业化。物流所提供的服务从工具到操作过程，都必须体现专业水平。

第四，管理系统化。第三方物流需要建立现代管理系统才能满足运行和发展的基本要求。

第五，信息网络化。在物流服务的过程中，信息共享极大地提高了效率和效益。

二、第四方物流

（一）第四方物流的概念及形成

第四方物流是1998年美国埃森哲咨询公司率先提出的，是专门为第一方、第二方和第三方提供物流规划、咨询、物流信息系统、供应链管理等活动。第四方并不实际承担具体的物流运作活动。

第四方物流（fourth party logistics）是一个供应链的集成商，一般情况下政府为促进地区物流产业发展领头搭建第四方物流平台提供共享及发布信息服务，是供需双方及第三方物流的领导力量。它不只是物流的利益方，而是通过拥有的信息技术、整合能力及其他资源提供一套完整的供应链解决方案，以此获取一定的利润。它帮助企业实现降低成本和有效整合资源，并且依靠优秀的第三方物流供应商、技术供应商、管理咨询及其他增值服务商，为客户提供独特的和广泛的供应链解决方案。

（二）第四方物流的运作模式

与第三方物流注重实际操作相比，第四方物流更多地关注整个供应链的物流活动，结合自身的特点有三种运作模式可供选择。

1. 协同运作模式

该运作模式下，第四方物流只与第三方物流有内部合作关系，即第四方物流服务供应商不直接与企业客户接触，而是通过第三方物流服务供应商将其提出的供应链解决方案、再造的物流运作流程等实施。这就意味着，第四方物流与第三方物流共同开发市场，在开发的过程中第四方物流向第三方物流提供技术支持、供应链管理决策、市场准入能力及项目管理能力等，它们之间的合作关系可以采用合同方式绑定或采用战略联盟方式形成。

2. 方案集成商模式

该运作模式下，第四方物流作为企业客户与第三方物流的纽带，将企业客户与第三方物流连接起来，这样企业客户就不需要与众多第三方物流服务供应商进行接触，而是直接通过第四方物流服务供应商来实现复杂的物流运作的管理。在这种模式下，第四方物流作为方案集成商除了提出供应链管理的可行性解决方案外，还要对第三方物流资源进行整合，统一规划为企业客户服务。

3. 行业创新者模式

行业创新者模式与方案集成商模式有相似之处：都是作为第三方物流和客户沟通的桥梁，将物流运作的两个端点连接起来。两者的不同之处在于：行业创新者模式的客户是同一行业的多个企业，而方案集成商模式只针对一个企业客户进行物流管理。这种模式下，第四方物流提供行业整体物流的解决方案，这样可以使第四方物流运作的规模更大限度地得到扩大，使整个行业在物流运作上获得收益。

第四方物流无论采取哪一种模式，都突破了单纯发展第三方物流的局限性，能真正的低成本运作，实现最大范围的资源整合。因为第三方物流缺乏跨越整个供应链运作及真正整合供应链流程所需的战略专业技术，第四方物流则可以不受约束地将每一个领域的最佳物流提供商组合起来，为客户提供最佳物流服务，进而形成最优物流方案或供应链管理方案。而第三方物流要么独自，要么通过与自己有密切关系的转包商来为客户提供服务，它不太可能提供技术、仓储与运输服务的最佳结合。

三、第三方物流的发展趋势

（一）第三方物流在国外的发展情况

自 20 世纪 80 年代以来，外包（outsourcing）已成为商业领域中的一大趋势。这些企业，既包括生产企业，也包括流通企业。有资料显示，在英国市场上，1997

年,主要的英国零售商已控制了94%的配送业务(从配送中心到商店),但是其中有将近一半(47%)都是外包给别人配送的。又例如在国际物流方面,根据荷兰国际配送协会(HIDC)的调查,美国、日本、韩国等国家在欧洲设立的配送中心的配送业务有2/3是外包给当地的第三方物流公司管理的。第三方物流是在物流渠道中由中间商提供的服务,中间商以合同的形式在一定期限内,提供企业所需的全部或部分物流服务。在美国,第三方物流业被认为尚处于产品生命周期的发展期;第三方物流在美国已深入民心,有高达58%的物流量是通过第三方业者完成的,且其需求仍在增长,而且33%的非第三方物流服务用户正积极考虑使用第三方物流服务,美国72%的第三方物流服务用户认为他们有可能在三年内增加对第三方物流服务的运用。在欧洲,尤其在英国,普遍认为第三方物流市场有一定的成熟程度。欧洲目前使用第三方物流服务的比例约为76%。研究表明,欧洲24%的非第三方物流服务用户正积极考虑使用第三方物流服务;欧洲62%的第三方物流服务用户认为他们有可能在三年内增加对第三方物流服务的使用。欧洲最近的潜在物流市场的规模约为9500亿美元。有资料显示,德国的物流市场总额为346亿美元,其中第三方物流企业的营业额为80多亿美元,占23.33%。在物流配送社会化程度最高的日本,第三方物流在整个物流市场的份额高达80%。由此可见,全世界的第三方物流市场具有潜力大、渐进性和高增长率的特征。这种状况使第三方物流业拥有大量服务提供者,大多数第三方物流服务公司是以传统的物流业为起点而发展起来的,如仓储业、运输业、空运、海运、货运代理和企业内的物流部等,他们根据顾客的不同需要,通过提供各具特色的服务取得成功。美国目前有400多个第三方物流供应商,其中大多数公司开始时并不是第三方物流服务公司,而是逐渐发展进入该行业的。

(二)第三方物流在我国的发展现状

近年来,我国的第三方物流得到了长足发展。第三方物流企业主要是一些原来的国家大型仓储运输企业和中外合资独资企业。如中国储运总公司、中外运公司、大通、敦豪、天地快运、EMS、宝隆洋行等。已在深沪股市上市的有26家物流企业,募集资金总额约为55亿元。这些企业涵盖了港口、仓储、管道运输、水运、铁路运输、汽车运输、客运等物流业的各个领域。目前我国已建成由铁路、公路、水路、航空和管道5种运输方式组成的综合运输体系。

尽管第三方物流前景乐观,但是,在我国,第三方物流企业基本上是以旧有的物资流通企业为主体。这些企业的实际状况不容乐观,主要表现在以下几个方面:①没有建立起较为完善的现代企业制度。②经营意识、作风与市场要求相距甚远。③企业管理水平较低。④规模较小、综合化程度较低。⑤利用现代技术程度低。

与此同时,一些国际著名的专门从事第三方物流的企业和运递业巨头如TPG,UPS,DHL,FedEx,德国邮政等对于中国的物流市场早已虎视眈眈,他们或结成联盟,或并购股权,组成专业化的物流企业,作为专业化的“第三方物流”供应商进入物流领域,为客户提供涉及全国配送、国际物流服务、多式联运和邮件快递等服务。

(三)我国第三方物流未来发展的特点

1. 服务链不断延伸、专业化不断加强

供需双方合作不断加深,服务模式日趋完善。第三方物流企业也越来越专注于特定的目标市场,以充分发挥其专业的优势。目前中国外运股份有限公司锁定在IT、汽车行业、家用电器、化工、快速消费品等几个目标行业集中发展,专业细分程度也在进一步加强。从过去什么都做的物流转变成更加专业化的划分,按照市场和生产企业发展趋势要求,企业也在做一些相应变化。

2. 服务范围向金融领域扩展

中国外运股份有限公司也在探讨市场对外运产生的一些新的需求、新的机会。物流、现金流、资金流是供应链三大组成部分。在我国信用体系尚不健全的情况下,中小企业因资金链断裂而造成的采购与供应短缺是造成供应链不稳定的重要因素,前些年在流通行业比较明显。由此以质押、监管为代表的物流金融服务得到较大发展,包括中外运、中远在内的企业纷纷开展此项业务。质押监管的发展标志着第三方物流与金融行业的融合,而服务范围也由静态的仓单质押向货物的在途质押转变,从供应链资金流收入方面看,第三方物流服务内涵得到进一步延伸和扩展。

3. 物流行业的整合趋势非常明显

全球经济一体化所带来的是物流全球化进程,这一进程正在向中国扩展,自第三方物流概念引入国内起,以兼并收购为特征的全球物流整合深刻改变了物流市场格局。一大批知名的第三方物流企业消失,一批巨型的物流大集团在整合过

程中迅速发展壮大，市场集中度明显提升。以德国邮政为例，几家德国本土邮政企业经过私有化之后，在短短十年时间里先后并购了 DHL 等物流巨头，并以 DHL 为平台集中打造第三方物流服务平台。近几年外资对国内第三方物流企业并购明显升温，进一步加快了中国第三方物流企业的全球化进程，也使第三方物流企业竞争从服务竞争扩展到资本竞争，这也是一个显著的特征。资本手段越来越成为物流企业做强做大的重要途径。经过十多年的发展，中国物流走上了理性、有序的发展轨道，官产学研等物流各界的沟通与协同不断加强，物流业发展环境不断改善。未来几年将是我国第三方物流的关键成长时期，中国外运股份有限公司作为中国最大的综合物流企业之一及第三方物流服务的积极倡导者，将一如既往地与社会各界保持密切交流、合作与沟通，与大家共同发展。

第四节　供应链的结构和类型

一、供应链结构模型

供应链由所有加盟的节点企业组成，其中一般有一个核心企业（可以是产品制造企业，也可以是大型零售企业，如美国的沃尔玛）。节点企业在需求信息的驱动下和信息共享的基础上，通过供应链的职能分工与合作（生产、分销、零售等）。以资金流、物流或/和服务流为媒介实现整个供应链的不断增值。

二、供应链的类型

供应链可以分为内部供应链和外部供应链两类。内部供应链是指企业内部产品生产和流通过程中所涉及的采购部门、生产部门、仓储部门、销售部门等组成的供需网络；而外部供应链则是指企业外部的，与企业相关的产品生产和流通过程中涉及的原材料供应商、生产厂商、储运商、零售商及最终消费者组成的供需网络。内部供应链和外部供应链共同组成了企业产品从原材料到成品到消费者的供应链。可以说，内部供应链是外部供应链的缩小化。

对于制造厂商，其采购部门就可看作外部供应链中的供应商。它们的区别只在于外部供应链范围大，涉及企业众多，企业间的协调更困难。

供应链的产生和发展的历史虽然短暂，但由于它在企业经营中的重要地位和作用及它对提升企业竞争力的明显优势，其发展速度很快，已经形成了具有明显特点的供应链模式和结构。从不同的角度出发，按不同的标准，可以将供应链划分为不同的类型。

（一）按照供应链管理对象划分

这里所说的供应链管理对象是指供应链所涉及的企业及其产品、企业的活动、参与的人员和部门。根据供应链管理的研究对象及其范围，供应链可以分为以下三种类型。

1. 企业供应链

它以某个企业为核心，以该企业的产品为主导，形成包括该企业的供应商、供应商的供应商及一切前向的关系，和用户、用户的用户及一切后向的关系。这个核心企业在整个供应链中具有明显的主导地位和作用，对整个供应链的建立和组织起关键作用。

2. 产品供应链

它以某一特定产品或项目为中心、是由特定产品或项目需求所拉动的、包括与此相关的所有经济活动的供应链。产品供应链上的企业关系紧密，它们相互依存。供应链的效率取决于相关企业的密切合作，因此，基于信息技术的系统化管理是提高供应链运作效率的关键。

3. 基于供应链合作伙伴关系的供应链

供应链合作伙伴关系主要是针对这些职能成员间的合作进行管理。基于供应链合作伙伴关系的供应链一般通过契约协调双方或多方的利益，实现物流、信息流、资金流的流动与交换。

上述三种供应链管理对象的区分意义是彼此相关的，在一些方面是相互重叠的，这对于考察供应链和研究不同的供应链管理方法是有帮助的。

（二）按照供应链网络结构划分

1. V 型供应链

V 型供应链是供应链网状结构中最基础的结构。这种供应链以大批量物料存在方式为基础,经过企业加工转换为中间产品,提供给其他企业作为它们的原材料。生产中间产品的企业往往客户要多于供应商,呈发散状。例如,原料经过中间产品的生产和转换,成为工业原材料,如石油、化工、造纸和纺织等企业,这些企业产生种类繁多的产品,满足众多下游客户的需求,从而形成了V型供应链。

2. A型供应链

当核心企业为供应网络上的最终用户服务时,它的业务本质上是由订单和客户驱动的。在制造、组装和总装时,会遇到一个与V型供应链相反的问题,即为了满足相对少数的客户需求和客户订单,需要从大量的供应商手中采购大量的物料。这是一种典型的会聚性的供应链网,即A型供应链。这种供应链要加强供应商和制造商之间的密切合作,共同控制库存量。

3. T型供应链

介于上述两种模式之间,许多企业通常结成的是T型供应链。它们通常根据订单确定通用件,从与自己相似的供应商公司采购大量的物料,通过制造标准化来降低订单的复杂程度,为大量终端客户和合作伙伴提供构件与套件。如医药保健品、电子产品和食品、饮料等行业及为总装配提供零部件的公司也同样存在,如为汽车、电子器械和飞机主机厂商提供零配件的企业等。

(三)按照供应链驱动力的来源划分

按照供应链驱动力的来源,供应链可以分为推动式供应链和拉动式供应链。

1. 推动式供应链

推动式供应链的运作是以产品为中心,以生产制造商为驱动原点,这种传统的推动式供应链管理是以生产为中心,力图尽量提高生产率,降低单件产品成本来获得利润。通常,生产企业根据自己的MRP-Ⅱ/ERP计划来安排从供应商处购买原材料,生产出产品,并将产品经过各种渠道,如分销商、批发商、零售商一直推至客户端。在这种供应链上生产商对整个供应链起主导作用,是供应链上的核心或关键成员,而其他环节如流通领域的企业则处于被动的地位,这种供应链方式的运作和实施相对容易。然而,由于生产商在供应链上远离客户,对客户的需求远不如流通领域的零售商和分销商了解得清楚,这种供应链上企业之间的集成度较低,反应速度慢,在缺乏对客户需求了解的情况下生产出的产品和驱动供应链运作的方向往往是无法匹配和满足客户需求的。

同时，由于无法掌握供应链下游，特别是最末端的客户需求，一旦下游有微小的需求变化，反映到上游时这种变化将被逐级放大，这种效应被称为“牛鞭效应”。为了对付这种“牛鞭效应”，相应下游，特别是最终端客户的变化，在供应链的每个节点上，都必须采取提高安全库存量的办法，需要储备较多的库存来应付需求变动，因此，整个供应链上的库存较高，响应客户需求变化速度较慢。

2. 拉动式供应链

拉动式供应链管理的理念是以顾客为中心，通过对市场和客户的实际需求及对其需求的预测来拉动产品的生产和服务。因此，这种供应链的运作方式和管理被称为拉动式的供应链管理。这种运作和管理需要整个供应链能够更快地跟踪，甚至超前于客户和市场的需求，来提高整个供应链上的产品和资金流通的效率，减少流通过程中不必要的浪费，降低成本，提高市场的适应力，特别是对下游的流通和零售行业，更是要求供应链上的成员间有更强的信息共享、协同、响应和适应能力。例如，目前发达国家采用协同计划、预测和补货(CPFR)策略与系统，来实现对供应链下游成员需求拉动的快速响应，使信息获取更及时，信息集成和共享度更高，数据交换更迅速，缓冲库存量及整个供应链上的库存总量更低，获利能力更强等。拉动式供应链虽然整体绩效表现出色，但对供应链上企业的管理和信息化程度要求较高，对整个供应链的集成和协同运作的技术与基础设施要求也较高。

以计算机公司为例，其对计算机市场的预测和计算机的订单是企业一切业务活动的拉动点，生产、装配、采购等的计划安排和运作都是以它们为依据和基础进行的，这种典型的面向订单的生产运作可以明显地减少库存积压和个性化与特殊配置需求，并加快资金周转。然而，这种供应链的运作和实施相对较难。

但在一个企业内部，对于有些业务流程来说，有时推动式和拉动式方式共存。如戴尔计算机公司的PC(个人计算机)生产线，既有推动式运作又有拉动式运作，其PC装配的起点就是推和拉的分界线，在装配之前的所有流程都是推动式流程，而装配和其后的所有流程都是拉动式流程，完全取决于客户订单。这种推拉共存的运作对制定有关供应链设计的战略决策非常有用。例如，供应链管理中的延退生产策略就很好地体现了这一点，通过对产品设计流程的改进，使推和拉的边界尽可能后延，便可有效地解决大规模生产与大规模个性定制之间的矛盾，在充分利用规模经济的同时实现大批量客户化生产。

（四）其他划分

供应链还可以根据不同的标准划分为以下几种类型。

第一，根据供应链存在的稳定性划分，可以将供应链分为稳定的和动态的供应链。基于相对稳定、单一的市场需求而组成的供应链稳定性较强，而基于相对频繁变化、复杂的需求而组成的供应链动态性较高。在实际管理运作中，需要根据不断变化的需求，相应地改变供应链的组成。

第二，根据供应链容量与用户需求的关系，可以将供应链划分为平衡的供应链和倾斜的供应链。一条供应链具有一定的、相对稳定的设备容量和生产能力（所有节点企业能力的综合，包括供应商、制造商、运输商、分销商、零售商等），但用户需求处于不断变化的过程中，当供应链的容量能满足用户需求时，供应链处于平衡状态，而当市场变化加剧，造成供应链成本增加、库存增加、浪费增加等现象时，企业就不是在最优状态下运作，供应链则处于倾斜状态。平衡的供应链可以实现各主要职能（采购/低采购成本、生产/规模效益、分销/低运输成本、市场/产品多样化和财务/资金运转快）之间的均衡。

第三，根据供应链的功能模式（物理功能和市场中介功能）可以将供应链划分为有效性供应链（efficient supply chain）和反应性供应链（responsive supply chain）。有效性供应链主要体现供应链的物理功能，即以最低的成本将原材料转化成零部件、半成品、产品及在供应链中的运输等；反应性供应链主要体现供应链的市场中介的功能，即把产品分配到满足用户需求的市场，对未知的需求做出快速反应等。

第五节 供应链管理的内容及意义

一、供应链管理的内容

作为供应链中各节点企业相关运营活动的协调平台，供应链管理应把重点放在以下几个方面。

（一）供应链战略管理

供应链管理本身属于企业战略层面的问题，因此，在选择和参与供应链时，必须从企业发展战略的高度考虑问题。它涉及企业经营思想，在企业经营思想指导下的企业文化发展战略、组织战略、技术开发与应用战略、绩效管理战略等及这些战略的具体实施。供应链运作方式、为参与供应链联盟而必需的信息支持系统、技术开发与应用及绩效管理等都必须符合企业经营管理战略。

（二）信息管理

信息及对信息的处理质量和速度是企业在供应链中获益大小的关键，也是实现供应链整体效益的关键。因此，信息管理是供应链管理的重要方面之一。信息管理的基础是构建信息平台，实现供应链的信息共享，通过 ERP 和 VMI 等系统的应用，将供求信息及时、准确地传递到相关节点企业，从技术上实现与供应链其他成员的集成化和一体化。

（三）客户管理

客户管理是供应链的起点。如前所述，供应链源于客户需求，同时也终于客户需求，因此供应链管理是以满足客户需求为核心来运作的。通过客户管理，详细地掌握客户信息，从而预先控制，在最大限度地节约资源的同时，为客户提供优质的服务。

（四）库存管理

供应链管理就是利用先进的信息技术，收集供应链各方及市场需求方面的信息，减小需求预测的误差，用实时、准确的信息控制物流，减少甚至取消库存（实现库存的“虚拟化”），从而降低库存的持有风险。

（五）关系管理

通过协调供应链各节点企业，改变传统的企业间进行交易时的“单向有利”意识，使节点企业在协调合作关系的基础上进行交易，从而有效地降低供应链整体的交易成本，实现供应链的全局最优化，使供应链上的节点企业增加收益，进而达到双赢的效果。

（六）风险管理

信息不对称、信息扭曲、市场不确定性及其他政治、经济、法律等因素，导致供应链上的节点企业存在运作风险，必须采取一定的措施尽可能地规避这些风险。例如，通过提高信息透明度和共享性、优化合同模式、建立监督控制机制，在供应链节点企业间合作的各个方面、各个阶段，建立有效的激励机制，促使节点企业间的诚意合作。

从供应链管理的具体运作看，供应链管理主要涉及以下四个领域：供应管理，生产计划，物流管理，需求管理。具体而言，包含以下内容。

第一，物料在供应链上的实体流动管理。

第二，战略性供应商和客户合作伙伴关系管理。

第三，供应链产品需求预测和计划。

第四，供应链的设计（全球网络的节点规划与选址）。

第五，企业内部与企业之间物料供应和需求管理。

第六，基于供应链管理的产品设计与制造管理、生产集成化计划、跟踪和设计。

第七，基于供应链的客户服务和物流（运输、库存、包装等）管理。

第八，企业间资金流管理（汇率、成本等问题）。

第九，基于 Internet/Intranet 的供应链交互信息管理。

二、供应链管理的意义

供应链管理模式是顺应市场形势的必然结果，供应链管理能充分利用企业外部资源快速响应市场需求，同时又能避免自己投资带来的建设周期长、风险高等问题，赢得产品在成本、质量、市场响应、经营效率等各方面的优势，可以增强企业的竞争力。

（一）供应链管理能提高企业间的合作效率

现代社会，大部分产品需要各种企业的分工协作才能完成。譬如，波音 747 飞机的制造需要 400 余万个零部件，可这些零部件的绝大部分并不是由波音公司内部生产的，而是由 65 个国家的 1500 个大企业和 15000 个中小企业提供的。在合作生产的过程中，众多的供应商、生产商、分销商、零售商构成了供应链的冗长的、复杂的流通渠道，企业之间的合作效率极低。供应链管理的实质是跨越分隔顾客、厂家、供应商的有形或无形的屏障，把它们整合为一个紧密的整体，并对合作伙伴进行协调、优化管理，使企业之间形成良好的合作关系。

(二)供应链管理可提高客户满意度

供应链从客户开始,到客户结束。供应链是真正面向客户的管理。从前的生产是大批量生产,但随着客户越来越多个性化需求的出现,现在的生产要求满足客户的不同需求。供应链管理把客户作为个体来进行管理,并及时把客户的需求反映到生产上,能够做到对客户需求的快速响应。因而不仅满足了客户的需求,而且还挖掘了客户潜在的需求。比如,供应链管理中的客户关系管理(customer relationship management,CRM),就可以根据客户的历史记录,分析客户的潜在需求,在客户想到之前把客户需要的产品生产出来。

(三)供应链管理是企业新的利润源泉

供应链管理思想与方法目前已在许多企业中得到了应用,并且取得了很大的成就。调查表明,通过实施供应链管理,企业可以降低供应链管理的总成本,提高准时交货率,缩短订单满足提前期,提高生产率,提高绩优企业资产运营业绩,降低库存等来提高企业经济效益。

第六节　物流与供应链管理全球化发展趋势

在电子商务时代,由于企业销售范围的扩大,企业和商业销售方式及最终消费者购买方式的转变,使得送货上门等业务成为极为重要的服务业务,促进物流行业的兴起。物流行业是能够完整地提供物流机能服务及运输配送、仓储保管、分装包装和流通加工等服务以收取报偿的行业,主要包括仓储企业、运输企业、装卸搬运企业、配送企业和流通加工业等。信息化、多功能化、一流服务和全球化已成为电子商务环境下的物流企业的发展目标。

一、信息化——物流业的必由之路

在电子商务时代,要提供最佳的服务,物流体系必须有良好的信息处理和传输系统。另外,还有一个信息共享问题。很多企业有不少企业内部的秘密,物流企业很难与之打交道。因此,如何建设信息处理系统,及时获得必要的信息,对物流企业来说是一个难题。同时,在将来的物流系统中,能否做到尽快将货物送到客户手中,是提供优质服务的关键之一。

在美国，洛杉矶西海报关公司与码头、机场、海关信息联网，当货物从世界各地起运时，客户便可以从该公司获得到达的时间、到泊（岸）的准确位置，使收货人与各仓储、运输公司等做好准备，使商品在几乎不停留的情况下快速流动，直达目的地。

在欧洲，某配送公司通过远距离的数据传输将若干家客户的订单汇总起来。在配送中心采用计算机系统编制出“一笔划”式的路径最佳化“组配捡单”，配货人员只需到仓库转一次，即可配好订单上的全部要货。在大型的配送公司里，往往建立了 ECR 和 JIT 系统。所谓 ECR（efficient customer response，有效客户反应），是指做到根据客户需要进行生产和配送。通过 JIT 系统，可从零售商店很快地得到销售反馈信息。其配送不仅实现了内部的信息网络化，而且增加了配送货物的跟踪信息，从而提高了物流企业的服务水平，降低了成本，增强了竞争能力。

商品与生产要素在全球范围内以空前的速度自由流动。EDI 与互联网的应用，使物流效率的提高更多地取决于信息管理技术，计算机的普遍应用提供了更多的需求和库存信息，提高了信息管理科学水平，使产品流动更加容易和迅速。

二、多功能化——物流业发展的方向

在电子商务环境下，物流向集约化阶段发展，要求物流不仅提供仓储和运输服务，还必须进行配货、配送和各种提高附加值的流通加工服务项目，或者按客户的特别需要提供其他的特殊服务。电子商务使流通业经营管理理念得到了全面的发展，现代流通业从以往的商品经由制造、批发、仓储、零售等环节最终到消费者手中的多层复杂途径，简化为从制造商经配送中心送到各零售点，从而使未来的产业分工更加精细，产销分工日趋专业化，大大提高了社会的整体生产力和经济效益，也使流通业成为整个国民经济活动的重要组成部分。

作为一种战略概念，供应链也是一种可增值的产品。其目的不仅是降低成本，更重要的是提供用户期望以外的增值服务，以产生和保持竞争优势。从某种意义上讲，供应链是物流系统的充分延伸，是产品与信息从原料到最终消费者之间的增值服务。这种配送中心与公用配送中心不同，它是通过签订合同，为一家或数家企业（客户）提供长期服务，而不是为所有客户服务。供应链系统物流完全适应了流通业经营理念的全面更新。在这个阶段有许多新技术与方法的应用，如准时制系统、销售时点系统（point of sale，POS）。商店将销售情况及时反馈给工厂的配送中心，有利于厂商按照市场调整生产及同配送中心调整配送计划，使企业的经营效益跨上一个新台阶。

三、一流服务——物流企业追求的服务目标

在电子商务环境下，物流企业是介于买卖双方之间的第三方，以服务作为第一宗旨。客户对于物流企业所提供服务的要求是多方面的，因此，如何更好地满足客户不断提出的服务要求始终是物流企业管理的中心问题。如物流配送中心，开始时可能提供的只是区域性物流服务，以后应客户的要求发展到提供长距离服务，再后来可提供越来越多的服务项目，包括到客户企业“驻点”，直接为客户发货；有些生产企业把所有物流工作全部委托给配送中心，使配送中心的工作延伸到生产企业的内部。最终，物流企业所提供的优质和系统的服务使之与客户企业结成双赢的战略伙伴关系：一方面，由于物流企业的服务使客户企业的产品迅速进入市场，提高了竞争力；另一方面，物流企业本身也有了稳定的资源和效益。美、日等国物流企业成功的要诀，就在于它们都十分重视客户的服务研究。

四、全球化——物流企业的竞争趋势

电子商务的发展加速了全球经济一体化的过程，其结果将是物流企业向跨国经营和全球化方向发展。全球经济一体化使企业面临着许多问题，要求物流企业和生产企业更紧密地联系在一起，形成社会大分工。对于生产企业，要求集中精力制造产品，降低成本，创造价值；而对于物流企业则要求花费大量时间和精力更好地从事物流服务。客户对于物流企业的需求比原来更高了。例如，在物流配送中心，要对进口商品提供代理报关服务、暂时储存、搬运和配送，进行必要的流通加工等服务，完成从商品进口到送交消费者手中的一条龙服务。

第二章　物流战略管理

第一节　物流战略管理概述

一、物流战略的概念与地位

（一）物流战略的概念

“战略”一词，原为军事用语，其本义是对战争全局的谋划和指导。随着人类社会的发展，“战略”这个术语又被广泛地应用到社会经济领域特别是20世纪50年代以后，社会经济活动日益复杂，对全局性的、长远的发展方向和指导思想的研究显得越来越重要，因而，社会经济发展战略也逐步引起人们的重视。到了20世纪60年代以后，西方开始将“战略”一词用于企业。总之，第二次世界大战之后，“战略”一词已经从传统的和狭义的军事领域扩展到社会其他领域，世界战略、国家战略、地区战略、政治战略、外交战略、经济战略、能源战略、教育战略、企业战略等用语和概念开始普遍使用。战略也就演变为“泛指重大的、带有全局性或决定全局的谋划”，相应，“战略”一词与物流联系起来就形成了物流战略，但“物流战略”被广泛使用是2000年以后的事情。

所谓物流战略（logistics strategy）是指企业或其他组织为了适应未来环境的变化，谋求物流的可持续发展，就物流发展目标及达到目标的途径与手段而制定的长远性、全局性的规划与谋略。

（二）物流战略的地位

对一些企业而言，物流战略是其总体战略的重要组成部分，换句话说，将物流上升到战略层级来考虑的企业，其所制定的物流战略至少与生产、营销和财务等职能战略并列，成为企业总体战略的重要支撑点，甚至在有些企业，物流战略地位还要高于其他职能战略。

随着经济全球化的发展，在信息技术革命及电子商务的推动下，企业的经营环境包括物流环境发生了深刻变化。物流活动的有效开展，不仅解决了企业日常经营的效率问题，而且还决定了企业的竞争能力，尤其在“物联网”时代，衡量企业的竞争实力的标准发生了变化，客户越来越认同企业快捷反应而带来的增值服务。即便那些服务型的企业，虽然实体物流活动较少，但仍有服务流、信息流等需要改进流程，加快反应速度，提高服务后勤的效率。因此，可以将企业的物流战略上升到运营战略的角度来理解，其在企业中的地位越来越重要。

（三）制定物流战略的必要性

物流已经成为企业利润的“第三源泉”。现代企业的竞争，更多地表现在基于时间的快捷反应上，运营效率的提升是挖掘企业“第三利润源泉”的重要突破点。在企业的日常基础三大流即商流、物流和信息流中，只有物流是“实体的空间位移”，对时间造成的阻滞影响最大，如果物流的问题解决了，在信息流支撑下其他问题就会迎刃而解，企业的运营效率就会倍增。

此外，物流不是个别企业的业务，更是企业间的互动业务。因此，物流的革命快速推动了跨企业的合作与协同的发展，以至于现代企业的竞争已经由单个企业的竞争转变为企业集群之间的竞争，物流已经成为企业之间的一个重要衔接纽带。具体来说，制定一个好的物流战略，可以从以下几个方面对企业产生影响。

第一，降低系统成本。单个企业或企业集群都可以称之为“系统”，物流战略的着眼点不一定是企业局部成本最低，而是系统成本最低，实现这一目标需要系统成员共同努力，并分享系统效率提升带来的价值。

第二，加快反应速度。通过跨企业的协同反应，加快供应链上各种流（如资金流、物流、信息流、工作流等）的运行速度，一方面可以实现用供应链反应上的“时间”去消灭库存上的“空间”；另一方面可以为顾客提供准时的服务。

第三，创造增值服务。系统成本的降低，直接为各系统成员创造了利润源泉，除了快捷反应的时间价值外，成本降低还可以帮助企业面向顾客提供更多的增值服务。

二、物流战略管理

（一）物流战略管理的定义

物流战略管理（logistics strategy management）是对企业的物流活动实行的总体性管理，是企业制定、实施、控制和评价物流战略的一系列管理决策与行动，其核心问题是使企业的物流活动与环境相适应,以实现物流的长期、可持续发展。

物流战略管理是一个动态的管理过程,它是一种崭新的管理思想和管理方式,物流战略管理的重点是制定战略和实施战略,而制定战略和实施战略的关键是对企业外部环境的变化进行分析,对企业物流资源、条件进行审核,并以此为前提确定企业的物流战略目标,使三者达成动态平衡。物流战略管理的任务,就在于通过战略制定、实施与控制,实现企业的物流战略目标。

(二)物流战略管理的过程

物流战略管理的过程由物流战略制定、物流战略实施、物流战略控制与调整三个阶段构成。

1. 物流战略制定

战略制定就是企业在内外环境分析的基础上,按照一定的程序和办法,规定战略目标,划分战略阶段,明确战略重点,制定战略对策,从而提出企业的全局性总体谋划。物流战略制定是一项十分重要而又十分复杂的系统工程,需依照一定的程序和步骤,一般来说,有以下几个互相衔接的环节。

(1)树立正确的战略思想

战略思想是指导战略制定和实施的基本思想,是整个战略的灵魂,它贯穿于物流战略管理的全过程,对战略目标、战略重点、战略对策起一个统帅作用。战略思想来自战略理论、战略环境的客观分析及企业领导层的战略风格,一个企业的战略思想主要应该包括竞争观念、市场营销观念、服务观念、创新观念和效益观念等。

(2)进行战略环境分析

这是制定战略的基础和前提,如果对组织内外环境没有全面而准确的认识,就无法制定出切合实际的战略规划。

(3)确定物流战略目标

物流战略目标是指企业在完成基本物流服务过程中所追求的最终结果,它是由战略决策者根据企业的物流目标而确定的,物流战略目标为企业物流活动的运行指明了方向,为企业物流评估提供了标准,为其资源配置提供了依据。利用物流战略目标可以对企业全部物流服务活动进行有效管理。

(4)确定战略阶段和战略重点

战略阶段是指战略的制定和实施,在全过程中要划分为若干个阶段,一步一步地达到预定的战略目标。一个较长期的战略,如5年、10年的战略规划,往往是逐步推进与实现的,因此就要划分为若干个阶段。战略阶段的划分,或者叫作战略步骤的划分,实际上是对战略目标和战略周期的分割。这种划分和分割,要求明确各战略阶段的起止时间及在这段时间内所达到的具体目标。这些具体目标和阶段的总和就构成了总的战略目标和战略周期。战略重点是指对战略目标的实现有决定意义和重大影响的关键部位、环节和部门。抓住关键部位,突破薄弱环节,便于带动全局,实现战略目标。

(5)制定战略对策

战略对策是指为实现战略指导思想和战略目标而采取的重要措施和手段。根据组织内外环境情况及变动趋向,拟订多种战略对策及应变措施,以保证战略目标的实现。

(6)战略评价和选择

战略评价是一个战略制定阶段的最后环节,如果评价后战略方案被否定,就要按照上述程序重新拟订;如果评价后战略规划获得肯定,则结束战略制定而进入战略的具体实施阶段。

2.物流战略实施

物流战略实施就是将战略转化为行动,主要涉及以下一些问题:企业如何建立年度物流目标、制定物流政策、配置物流资源,以便使企业制定的物流战略能够得到落实;为了实现既定的战略目标,还需要获得哪些外部资源及如何使用;需要对组织结构做哪些调整;如何处理可能出现的利益再分配与企业文化的适应问题,如何进行企业文化管理,以保证企业物流战略的成功实施等。

物流战略实施是战略管理过程中难度最大的阶段,战略实施的成功与否,是整个战略管理能否实现战略目标的关键。

(三)物流战略控制与调整物流战略控制,是物流战略管理的最后阶段

物流战略控制可分为三个步骤:制定控制标准;根据标准衡量执行情况;纠正偏差。战略控制的方法主要有事前控制、事中控制和事后控制。

物流战略调整就是根据企业情况的发展变化。即参照实际的经营事实、变化的经营环境、新的思维和机遇,及时对所制定的战略进行调整,以保证战略对企业物流管理进行指导的有效性,包括调整企业的长期物流发展方向、企业的物流目标体系、企业物流战略的执行等内容。

物流战略制定固然重要，但物流战略实施与控制同样重要。一个良好的物流战略仅是物流战略管理成功的前提，有效的物流战略实施、控制才是物流战略目标顺利实现的保证。

第二节　物流战略环境分析

物流战略环境分析是企业物流战略决策的前提和基础，企业物流战略环境分析主要是对企业物流外部环境和内部条件的分析。外部环境分析的目的是趋利避害，即通过分析，抓住机会，避免威胁；内部条件分析的目的是扬长避短，即通过分析，发扬优势，克服劣势。

一、企业物流外部环境分析

所谓企业物流的外部环境，是指存在于企业之外，对企业物流活动的开展产生决定性影响的各种因素的总和，企业物流外部环境主要由一般环境因素和行业环境因素构成。企业物流外部环境对企业物流活动来讲，是不可控因素，企业无法改变外部环境，外部环境的存在与变化是不会以企业的意志为转移的。但企业可以通过对外部环境的分析，寻找自己发展物流的机遇和空间，从而确定自己的物流发展战略。

（一）一般环境（宏观环境）

1. 经济环境经济环境是指国民经济发展水平

国家经济政策和社会经济发展的战略制定及实施情况，国内外经济形势及其发展趋势等在经济环境中，关键性的战略因素有国民经济发展状况及其发展规律，国民生产总值及其变动趋势，人均收入及其变动趋势，利率水平高低，货币供给松紧，失业人员的比例，通胀的程度及变动趋势，国民收入分配及再分配的过程中的积累与消费，投资与储蓄的比例状况及工资与物价的控制状况，资源供应与成本，市场机制的完善程度等。

2. 社会文化环境

社会文化环境是指社会文化发展水平的概况，包括社会结构、社会风俗习惯、文化底蕴、文化发展、价值观念、伦理道德与人口统计因素。

3.技术环境

技术环境是指社会科学技术的发展水平与发展趋势:其中关键战略因素有:国家科学技术政策、措施、经费,企业所处产业的研究与开发投入情况,技术创新体制及其奖励政策、知识产权及专利的保护,科学技术产业化动态及信息与电子技术发展可能带来生产率提高的前景等。

(二)产业环境

企业产业环境分析,亦称特殊环境分析,是企业的直接环境因素。产业环境分析一般包括产业因素分析。产业因素包括行业的发展阶段、规模和趋势,进入该产业的障碍,产业中供应商的数量和集中度,产业中消费者的基本特征,产业竞争结构分析。

根据生命周期理论,一个产业的发展需要经历四个阶段,即开发阶段、成长阶段、成熟阶段和衰退阶段。企业可以通过分析其所在产业的发展水平确定该产业所处的发展阶段,按照发展阶段不同制定不同的物流战略。如果企业所在行业处于开发阶段,那也就意味着该产业还是一个新兴的产业,它的发展潜力和发展空间比较大,市场中的竞争者比较少,企业可以采用发展战略,企业物流系统的建设可以高于企业物流的现实要求,即进行超前建设,为将来的发展打好基础;如果企业所在产业处于成长阶段,产品的种类减少,生产标准化程度增加,客户需求和市场竞争者的数量同时增加,企业也可采用发展战略,但物流系统应该加强配送功能的建设,保证现有销售渠道的畅通,减少缺货情况的发生;如果企业所在产业发展到成熟阶段,产品的开发和研究投入开始减少,社会对企业产品的需求下降,企业可以采用适当紧缩战略,企业的物流设备、设施投资应适当减少,部分设施也将退出使用;如果企业所在产业发展到了衰退阶段,企业物流战略继续采用紧缩战略,物流支出将继续下降,应该以维持基本服务水平为主,不应该进行新设施的投资。

二、企业物流内部条件分析

企业内部条件是相对于外部环境而言的,是指企业物流发展的内部因素——相对于企业外部环境来说,企业内部条件是可控因素,是企业物流发展的基础。

企业从事物流活动的能力，取决于企业内部条件中诸因素之间的联系和比例关系。同时，企业内部条件也是一个动态的概念，并不是一成不变的。

战略分析要了解企业自身所处的相对地位，具有哪些物流资源与物流能力；还需要了解与企业有关的利益和相关者的利益期望，在战略制定、评价和实施过程中，这些利益相关者会有哪些反应，这些反应又会对企业物流产生怎样的影响和制约。企业内部条件分析主要包括以下两个方面：企业物流资源和物流能力分析。

(一)企业物流资源分析

企业开展物流活动必须具备一定的基础条件，其主要内容是企业的物流资源及在物流资源基础上组合起来的物流能力。

企业的物流实力首先反映在企业的物流资源基础上。企业的物流资源，指贯穿于整个企业物流各环节的一切物质与非物质形态的要素。其主要内容分为两类。

(1)有形资源

企业的有形物流资源，主要是物质形态的资源，如各种物流设施、设备、物流网点及物流工具等。另外，企业的财务资源，如现金、债权、股权、融资渠道和手段等，也可归于有形资源一类。有形资源是企业开展物流活动的硬件要素。

(2)无形资源

企业无形资源的种类很多，主要包括以下一些内容。

1. 人力资源

企业内有关物流技术和管理人员的类型及他们的知识、经验、适应性、预见能力和学习能力。

2. 组织资源

企业内部的物流组织结构，各部门间沟通、协调的效率及用户规模、物流服务网络。

3. 技术资源

企业现有物流技术状况、技术储备等。

4. 企业文化和企业形象

企业的价值观、企业精神、企业经营理念及企业在社会公众、顾客、利益相关者中的形象等。

企业物流资源分析的目的，是为企业物流资源配置提供必要的依据，从而更好地发挥企业的物流优势。企业最重要的物流资源毫无疑问是人力资源。人才是企业发展的关键，因而把合适的人置于合适的岗位，人才与职位的恰当配置是非常重要的。同时，在现代企业中，任何一种资源只有同其他资源结合在一起，才能发挥其应有的作用。因此，资源的结构平衡问题也就值得企业重视。此外，对企业来讲，有些资源可能是短缺的，甚至处于“瓶颈”状态，因而以短缺资源或“瓶颈资源”作为资源配置的基点，也是企业必须考虑的。再者，新技术的发明、新工艺的应用及员工劳动技能的提高，必将改变企业的物流资源配置结构，因而企业物流资源的配置必然是动态的，需要不断地加以调整。

(二)企业物流能力分析

企业物流能力是与企业物流资源密切联系的。所谓企业物流能力，就是能够把企业的物流资源加以统筹整合以完成预期的任务和目标的技能。企业物流能力主要体现为对物流资源的利用与管理能力，没有这种能力，资源就很难发挥作用，也难以增值。

企业既要分析物流资源状况，更要分析物流能力水平，企业物流能力只有在物流活动中才会逐步显现出来，任何企业都不可能具备无所不能的物流能力。资源在投入使用前比较容易衡量其价值，而能力在发挥前往往是难以评价的，资源需要通过能力去实现增值，能力只有通过使用资源才得以体现。在经济全球化不断推进的条件下，资源可以突破区域、国家的界限，但对资源的使用能力只有靠企业自己不断地增强。

三、物流环境的新变化

伴随着经济全球化的兴起，近年来一些新的环境要素推动了物流产业发展和物流地位的提升。这些要素主要有以下几方面。

(一)信息技术的不断革新

信息技术是推动物流发展的原动力,近些年,其不断革新推动了物流发展,使其迈上了更高台阶,随着射频技术及相关智能软件的开发与应用,以高速、宽带、综合、智能、安全、可靠的数字技术、网络技术为基础的信息化是物流技术的主要特征,社会开始由互联网阶段走向"物联网"阶段,并给人们的工作、生活方式带来天翻地覆的变化。同样,企业的物流也会因为"联网"而变得比过去更加快捷和智能。

(二)竞争理念的不断升级

总体上,竞争的重心已经从产量竞争,质量竞争、成本竞争、服务竞争发展到速度和柔性化竞争。物流以其快速反应和柔性化的适应能力,推动并适应了市场竞争重心的转移。企业的竞争开始围绕"TQCSFSR"来展开,即时间(time),质量(quality),成本(cost)、服务(service)、柔性(flexibility)、安全性(safety)和可靠性(reliability)。面向未来,企业的物流系统越来越具有全球化、信息化、数字化、网络化、自动化、智能化、柔性化、敏捷化、可视化、节能化、绿色化、集约化和微型化等特征。

(三)环境和谐的绿色物流

物流虽然促进了经济的发展,但是物流的发展同时也会给城市环境带来不利的影响:如运输工具的噪声、污染排放、对交通的阻塞等及生产、生活中的废弃物的不当处理所造成的对环境的影响。为此,21 世纪对物流提出了新的要求,即发展节能减排、环境和谐的绿色物流。绿色物流包括两方面:一是对物流系统污染进行控制,即在物流系统和物流活动的规划与决策中尽量采用对环境污染小的方案,如采用排污量小的货车车型,近距离配送,夜间运货(减小交通阻塞,节省燃料和减小排放)等;二是建立工业和生活废料处理的物流系统。

(四)正在兴起的智能物流和智慧物流

智能物流是利用集成智能化技术,使物流系统能模仿人的智能,具有思维、感知、学习、推理判断和自行解决物流中某些问题的能力。智能物流的未来发展将会体现出四个特点:智能化、一体化和层次化、柔性化、社会化。在物流作业过程中的大量运筹与决策的智能化;以物流管理为核心,实现物流过程中运输、存储、包装、装卸等环节的一体化和智能物流系统的层次化;智能物流的发展会更加突出"以顾客为中心"的理念,根据消费者需求变化来灵活调节生产工艺,实现柔性化;智能物流的发展将会促进区域经济的发展和世界资源优化配置,实现社会化。

上述环境的变化,要求企业必须从全局和长期的角度,设计企业物流组织,改善业务流程,定位物流目标,开发物流技术,优化物流方案,即实施物流战略管理。这样,才能实现物流合理化,提高企业的竞争力。

第三节 物流战略的制定

随着经济全球化及科学技术的迅速发展,企业经营环境瞬息万变。为了适应其外部环境的变化,相关企业必须基于未来发展的战略研究,制定物流战略。具体说来,包括确定企业物流战略目标,选择物流战略制定的方式,制订和选择物流战略方案。

一、物流战略目标

物流战略目标是由整个物流系统的使命所引导的,可在一定时期内实现的量化目标。它为整个物流系统设置了一个可见和可以达到的未来,为物流基本要点的设计和选择指明了方向,是物流战略规划中的各项策略制定的基本依据。企业物流战略的目标与企业战略的目标是一致的,即在保证物流服务水平的前提下实现物流成本的最低化。具体而言,可以通过以下目标的实现来达到:维持企业长期物流供应的稳定性、低成本、高效率;以企业的整体战略为目标追求与生产、销售系统良好的协调;对环境的变化为企业整体战略提供预警和功能范围内的应变力,最终为企业产品赢得良好的竞争优势。具体来说企业物流战略目标主要有以下几点。

(一)降低物流成本

现代企业的经营核心是获取利润,在企业收益不变的情况下,如果企业降低成本支出,就可以实现企业利润增加的目标。

(二)改进服务质量，满足用户需求

随着生活水平的日益提高，人们的消费观念也在逐渐地发生变化，从以前只重视价格开始转向关注产品或服务的质量。因此，满足用户需求，改进服务质量应该成为物流战略的目标。尽管提高物流服务水平将大幅度提高物流成本，但只要成本增加的幅度小于收益增加的幅度，企业改进服务的物流战略就有实施的可能性和必要性。

(三)加快反应速度

通过与供应链伙伴合作，引进准时供应(JIT)、同步流程、系统无缝对接等管理方式，实施企业间协同管理，加快企业的运营速度，提高客户即时需求的响应能力。

二、物流战略制定方式的选择

物流战略制定的方式，一般有以下几种。

(一)自上而下的方式

自上而下的方式是指先由企业物流部门的高级管理人员制定物流战略的框架或者全局性的战略，然后由物流部门的基层管理人员根据自身的实际情况将战略框架或全局性战略进行具体化，最终形成一个系统的战略方案。

(二)自下而上的方式

这种方式是指企业物流部门的高级管理人员对方案不发表任何的指导性意见，先直接由基层管理人员提供物流战略方案，然后由高级管理人员将各基层管理人员提交的战略方案进行综合和修改，最终形成物流战略方案。

(三)上下结合的方式

这是前两种方式的混合使用。企业物流部门的高级管理人员和基层管理人员共同讨论，双方同时进行两个层次的物流战略的制定，最终通过磋商的方式权衡管理人员提出的各种战略实施方法，制订出适合企业物流动作的战略方案。

(四)邀请外部专家或咨询机构制定

被委托的单位应是能负法律责任的、能严守企业机密的、具有权威的企业外部咨询单位或规划部门,受委托单位向企业领导人提供一个以上的可供选择的物流战略方案。

(五)企业与咨询单位合作进行

这种方式可以弥补上一种办法的不足,取长补短。

三、制订和选择物流战略方案

(一)可供企业选择的物流战略类型

1.外包战略

外包战略即企业的物流业务对企业自身而言不是特别重要,通过外包给专业化的第三方物流企业,不但可以降低物流成本,还可以提高运营效率。在这种情况下,企业对物流业务在战略上可以采取剥离外包方式。

2.自营战略

自营战略即企业的物流业务对企业自身而言是核心业务,又涉及商业秘密,不适合外包给第三方物流企业,则企业可以采取自营战略。

3.联营战略

联营战略即企业和同行业企业或上下游企业采取联合战略发展物流,在满足彼此物流业务需求的同时,也可以向社会提供共同化的物流服务。

(二)企业物流战略的创新

企业经营的外部市场环境的不断变化及生产企业新型营销体制的出现,使企业在物流战略方面也不得不求新、求变,以适应这些环境的变化。企业该如何根据自身的经营特点适时、有效地开展物流战略,成为企业谋求长远发展的重大课题。从总体上看，企业物流的革新与发展都是紧紧围绕产、销、物而开展的，其表现出来的战略主要有以下几方面。

1. 即时物流战略

自 20 世纪 80 年代中期以后，企业的经营管理逐步向精细化、柔性化方向发展，其中即时制管理得到了广泛的重视和运用。即时制管理是即时生产、即时物流的整合体。即时化的物流战略又表现为以下两个方面。

(1)即时采购

即时采购是一种先进的采购模式或商品调配模式，其基本思想是在恰当的时间、恰当的地点，以恰当的数量、恰当的质量从上游厂商向企业提供恰当的产品。

要做到即时采购，一个很重要的方面是如何确立与上游供应商的关系。在传统的采购活动中、企业与供应商只是一种简单的买卖关系。在即时采购条件下，企业是与少数供应商结成固定关系。

(2)即时销售

对于生产企业而言，物流管理的另一个重要机能就是销售物流。推行即时销售一个最明显的措施是实行厂商物流中心的集约化，即将原来分散在各分公司或中小型物流中心的库存集中到大型物流中心，通过数字化备货或计算机等现代技术实现进货、保管、在库管理、发货管理等物流活动的效率化、省力化和智能化。即时销售体制的建立除了通常所说的物流系统的构建外，信息系统的构筑也是必不可少的。如今很多企业一方面通过现代信息系统（如 POS 系统、数字库存管理系统等）提高企业内部的销售物流效率；另一方面也积极利用 EOS，EDI 等在生产企业同批发企业或零售企业之间实现订、发货自动化，真正做到销售的在线化、正确化和即时化。

2. 协同化或一体化物流战略

协同化物流是打破单个企业的绩效界限，通过相互协调和统一，创造出最适宜的物流运行结构。协同化或一体化物流战略是基于两方面的原因而产生的：一方面，社会产品的极大丰富，消费者的消费呈个性化、多样化的发展趋势，客观上要求企业在商品生产、经营和配送上必须充分对应消费者不断变化的趋势，这无疑大大推动了多品种、少批量、多频度的配送；另一方面，一些中小企业从经营成本和竞争压力及技术等诸多因素考虑，由于自身规模较小，不具备商品即时配送的能力，也没有相应的物流系统，因此，难以适应如今多频度、少量配送的要求。

即使有些企业具有这些能力，限于经济上的考虑，也要等到商品配送总和能达到企业配送规模经济要求时才能够开展，这又有悖于即时化物流的宗旨。面对上述问题，作为企业物流战略发展的新方向，旨在弥合流通渠道中企业间对立或企业规模与实需对应矛盾的协同化或一体化物流应运而生。

目前协同化的物流战略主要有以下三种形式。

(1)横向协同物流战略

所谓横向物流协同是指相同产业或不同产业的企业之间就物流管理达成协调、统一运营的机制。从实践上来看，产业内不同企业之间的物流协同，往往有两种形式：一是在承认并保留各企业原有的配送中心的前提下，实行商品的集中配送和处理；二是各企业放弃自建配送中心，通过建立共同配送中心，实现物流管理的效率性和集中化。不同产业之间的协调物流是将不同产业的企业生产经营的商品集中起来，通过物流或配送中心达成企业间物流管理的协调与规模效益性，这样既能保证物流集中处理的规模经济性，又能有效地维护各企业的利益及经营战略的有效实施。

(2)纵向协同物流战略

纵向协同物流战略是流通渠道中不同阶段的企业相互协调，形成合作性、共同化的物流管理系统。纵向协同物流主要有批发商与生产商之间的物流协作及零售商和批发商之间的物流协作等形式。

(3)通过第三方物流实现协同化

第三方物流是通过协调企业之间的物流运输和提供物流服务，把企业的物流业务外包给专门的物流管理部门来承担，它提供了一种集成物流作业模式，使供应链的小批量库存补给变得更经济，而且还能创造出比供方和需方采用自我物流服务系统运作更快捷、更安全、更高服务水准，且成本相当或更低廉的物流服务从第三方物流协作的对象看，它既可以依托下游的零售商业企业，成为众多零售店铺的配送、加工中心，也可以依托上游的生产企业，成为生产企业，特别是中小型生产企业的物流代理。

3.高级物流战略

(1)全球化物流战略

当今，企业经营规模不断扩大，国际化经营不断延伸，出现了一大批立足于全球生产、全球经营和全球销售的大型全球性企业。这些企业的出现不仅使全世界都在经营、消费相同品牌的产品，而且产品的核心部件和主体部分也趋向于标准化。在这种状况下，全球性企业要想取得竞争优势，获取超额利润，就必须在全球范围内配置、利用资源，通过采购、生产、营销等方面的全球化实现资源的最佳利用，发挥最大的规模效益。企业在实施全球化物流时必须处理好集中化与分散化物流的关系，否则将无法确立全球化的竞争优势。从当今全球化物流的实践看，出现了三种形式的发展趋势：第一，作为全球化的生产企业，在世界范围内寻找原材料、零部件来源，并选择一个适应全球分销的物流中心及关键供应物资的集散仓库，在获得原材料及分配新产品时使用当地现有的物流网络，并推广其先进的物流技术与方法。第二，生产企业与专业第三方物流企业的同步全球化，即随着生产企业全球化的进程，将以前所形成的完善的第三方物流网络也带入到全球市场。第三，国际运输企业之间的结盟。为了充分应对全球化的经营，国际运输企业之间开始形成了一种覆盖多种航线，相互之间以资源、经营的互补为纽带，面向长远利益的战略联盟。这不仅使全球物流能更便捷地进行，而且使全球范围内的物流设施得到了极大的利用，有效地降低了运输成本。

(2)电子物流战略

现代信息技术的发展，正在促使企业的商务方式发生改变。互联网具有公开标准、使用方便、相当低的成本和标准图形用户界面等特点，这使得利用互联网的物流管理具有成本低、实时动态性和顾客推动的特征，电子物流战略表现在：一方面，通过互联网这种现代信息工具，进行网上采购和配销，简化了传统物流繁琐的环节和手续，使企业对消费者需要的把握更加准确和全面，从而推动产品生产的计划安排和最终实现基于顾客订货的生产方式，以便减少流通渠道各个环节的库存，避免出现产品过时或无效的现象；另一方面，企业利用互联网可以大幅度降低交流沟通成本和顾客支持成本，增强进一步开发现有市场的新销售渠道的能力。

(3)绿色物流战略

从经济可持续发展的角度看，伴随着大量生产、大量消费而产生的大量废弃物对经济社会产生了严重的消极影响，这不仅因为废弃物处理的困难，而且还表现在容易引发社会资源的枯竭和自然环境的恶化，所以，如何保证经济的可持续发展是所有企业在经营管理中必须考虑的重大问题，对于企业物流管理而言也是如此。具体来讲，要实现上述目标，从物流管理的角度看，不仅要在系统设计或物流网络的组织上充分考虑企业的经济利益（即实现最低的配送成本）和经营战略的需要，同时也要考虑商品消费后的循环物流，这包括及时、便捷地将废弃物从消费地转移到处理中心及在产品从供应商转移到最终消费者的过程中减少容易产生垃圾的商品的出现。除此之外，还应当考虑如何使企业现有的物流系统减少对环境所产生的负面影响(如拥挤的车辆、污染物排放等)。显然,要解决上述问题,需要企业在物流安排上有一个完善、全面的规划,诸如配送计划、物流标准化、运输方式等,特别是在制定物流管理体系时,企业不能仅仅考虑自身的物流效率,还必须与其他企业协同起来,从综合管理的角度,集中、合理地管理调达、生产和配送活动。

(4)智慧物流战略

当前,物联网、云计算、移动互联网等新一代信息技术的蓬勃发展,正推动着中国智慧物流的变革。可以说,智慧物流将是信息化物流的下一站,智慧物流标志着信息化在整合网络和管控流程中进入一个新的阶段,即达到一个动态的、实时进行选择和控制的管理水平。智慧物流能大大降低制造业、物流业等各行业的成本,实打实地提高企业的利润,生产商、批发商、零售商三方通过智慧物流相互协作,信息共享,物流企业便能更节省成本。物体标识及标识追踪、无线定位等新型信息技术应用,能够有效实现物流的智能调度管理,整合物流核心业务流程,加强物流管理的合理化,降低物流消耗,从而降低物流成本,减少流通费用,增加利润。随着 RFID 技术与传感器网络的普及,物与物的互联互通,将给企业的物流系统、生产系统、采购系统与销售系统的智能融合打下基础,而网络的融合必将产生智慧生产与智慧供应链的融合,企业物流完全智慧地融入企业经营之中,打破工序、流程界限,打造智慧企业。智慧物流通过提供货物源头自助查询和跟踪等多种服务,尤其是对食品类货物的源头查询,能够让消费者买得放心,吃得放心,同时增加消费者的购买信心,促进消费,最终对整体市场产生良性影响。

第四节 物流战略实施与控制

一、物流战略实施

为了确保物流战略的实施,要了解物流战略实施的制约因素,搞好资源分配,加强组织领导和激励,制订具体的行动计划等。

(一)物流战略实施的制约因素

物流战略实施的制约因素主要有人员系统、组织结构系统和企业文化系统三个方面。

1. 人员

系统企业员工，特别是企业的物流工作者是物流战略管理过程的主体:这些人员具有各自不同的目标、价值观、行为方式和技能。他们既是实施物流战略的人，又是物流战略实施过程中需要改变行为方式的人;要使物流战略实施得到预期效果，必须做好以下两项工作:一是选择或培训能胜任物流战略实施的领导人;二是改变企业中所有人员的行为与习惯，使他们易于接受物流战略管理。

2. 组织结构

系统企业组织结构的调整是实施物流战略的一个重要环节，任何一项物流战略都需要有一个相适应的组织结构去完成:美国学者钱德勒等人对此做了深刻的研究，并提出了一个著名的结论:企业的组织结构要服从企业战略，组织结构是为战略服务的，企业战略规范着企业的组织结构在物流战略实施过程中，如果组织结构与物流战略不相匹配，就会对物流战略的成功实施产生严重的阻碍;反之，如果组织结构与物流战略相匹配，就会对物流战略的成功实施产生巨大的保证作用。如果情况发生变化，企业的战略与原先的战略有较大的不同，则往往由于企业组织结构变革的滞后而无法成功。在这种情况下，企业面临的选择要么是放慢执行新战略的速度，要么是坚决实行组织结构的调整，以保证新战略的实施。总之，企业的组织结构应当根据企业的物流战略目标进行调整。

3. 企业文化系统

面对同样的环境，资源和能力相似的企业反映并不相同，有时甚至相差很大，这些不同是由于企业的战略决策人员具有不同的文化背景造成的。也就是说，物流战略的成功实施，不仅受外部环境和企业内部资源和能力的影响，而且也与企业文化有密切的联系。企业文化，简单地说是企业职工共有的价值观念和行为准则。企业文化系统是实施战略的保证。在物流战略实施过程中，积极的企业文化起支持作用。

(二)资源分配

企业要实现物流战略目标必须有资源来保证。资源分配是根据物流战略的目标和要求分配所需的资源，包括人力、物力和财力的分配。企业在分配资源时，要注意处理好重点与非重点之间的关系，既要突出重点，又要使重点与非重点之间协调发展。

如果不抓重点，平均使用资源，则必然事倍功半，造成资源浪费，影响物流战略的顺利实施，如果孤立地突出重点，忽视非重点，则也会破坏整个系统的综合平衡，往往会造成重点项目为非重点项目所牵制的局面，同样影响物流战略的顺利实施。

企业资源分配的好坏会极大地影响企业实现物流战略目标的程度，如果企业的资源贫乏或处于不利的情况，企业物流战略目标在时间和空间方面都会受到极大的限制。尤其是企业在外部环境发生较大变化，需要考虑采取相应的战略行动时，一般都会对已有的资源配置模式或大或小地进行调整和重新配置，以支持企业的总体战略目标的顺利执行。

（三）加强组织领导和激励，制订具体的行动计划

把物流战略的内容和要求具体化，安排实施战略和行动计划的具体工作程序，把企业物流战略落到实处。

企业通过一定的行动来实现企业阶段目标任务，常常表现为一些具体项目的执行活动。一般来说，在空间尺度上，具体的行动计划常常规定全局规划中某个局部的具体项目活动；在时间尺度上，具体的行动计划往往限定于某一时期内的行动——企业具体的行动计划在执行过程中，一方面要按计划规定认真完成；另一方面可根据实际情况，在企业阶段计划的指导下，加以调整和修正。企业的具体行动计划通常由企业的各个职能部门来贯彻和落实，因此，需要与各个职能部门的职能战略相互协调。

二、物流战略控制

物流战略控制是指把物流战略实施过程中所产生的实际效果与预定的目标和评价标准进行比较，评价工作业绩，发现偏差，采取措施，以达到预期的战略目标，实现战略规划。它是物流战略实施中保证物流战略实现的一个重要阶段。

（一）物流战略控制的步骤

物流战略控制的步骤有确定物流战略控制标准、衡量实际绩效、纠正偏差。

1.确定物流战略控制标准

这是指预定的战略目标或标准，是战略控制的依据，一般由定量和定性两个方面的评价标准所组成。定量评价标准一般可选用下列指标：物流效率、物流成本、投资收益、市场占有率、劳动生产率、实现利润、人均创利、物流设施利用率等。定性评价标准则一般从以下几个方面加以制定：战略与环境的一致性、战略中存在的风险性、战略与资源的配套性、战略执行的时间性、战略与物流组织机构的协调性、顾客服务水平等。

2.衡量实际绩效

这是指依据标准检查工作的实际执行情况等，以便与预期的目标相比。这是控制工作的中间环节，是发现问题的过程。

衡量实际绩效的目的是给管理者提供有用的信息，为采取纠正措施提供依据。衡量实际绩效经常采用的方法有亲自观察、分析报表资料、召开会议和抽样调查等，这些方法各有其利弊和适用的情况，管理者应当根据需要采用合适的方法。

3.纠正偏差

衡量实际绩效之后，应将衡量结果与标准进行比较，经过比较会出现三种情况：超过目标(或标准)，出现正偏差；正好相等，没有偏差；实际成效低于目标(或标准)，出现负偏差。若有偏差要分析其产生的原因，并采取相应的措施。在某些物流活动中，偏差是在所难免的，因此确定可以接受的偏差范围即容限是非常重要的。一般情况下，如果偏差在规定的容限之内，可以认为实际绩效与标准吻合，这时候不用采取特别的行动，如果偏差在规定的容限之外，则应引起管理者的注意，并根据偏差的大小和方向。分析偏差产生的原因可能多种多样，但一般可以分为两大类：一类是执行过程中发生的；另一类是计划本身不符合客观实际或是情况变化造成的。管理者应针对具体情况采取相应的纠正措施。

如果偏差是由于绩效不足产生的，应采取的行动是改进实际绩效；如果是由于标准本身的制定引起的，则应重新修订标准。通常纠偏行动可分为两种不同的措施：一是立即纠正措施；二是彻底纠正措施。立即纠正措施是指立即将出现问题的工作纠正到正确的轨道上；彻底纠正措施是指要分析如何发生的和为什么会发生，然后从产生偏差的地方进行纠正行动。当有偏差出现时，管理者应首先采取立即纠正措施，避免造成更大的损失；然后应对偏差进行认真的分析，采取彻底纠正措施，使类似的问题不再发生。

（二）物流战略控制的方法

物流战略控制的主要方法有事前控制、事中控制、事后控制。

1. 事前控制

事前控制又称前馈控制，是在物流战略实施前，对物流战略行动的结果有可能出现的偏差进行预测，并将预测值与物流战略的控制标准进行比较，判断可能出现的偏差，从而提前采取纠正措施，使物流战略不偏离原定的计划，保证物流战略目标的实现。

2. 事中控制

事中控制又称行或不行的控制，是在物流战略实施过程中，按照控制标准验证物流战略执行的情况，确定正确与错误、行与不行。例如，在财务方面，对物流设施项目进行财务预算的控制，经过一段时间之后，要检查是否超出了财务预算，以决定是否继续将该项目进行下去。

3. 事后控制

事后控制又称后馈控制，是在物流战略推进过程中将行动的结果与期望的控制标准相比较，看是否符合控制标准，总结经验教训，并制定行动措施，以利于将来的行动。

第三章　供应链战略管理

第一节　供应链战略管理的概念及特征

一、供应链战略管理的概念

供应链战略管理与传统企业管理战略的区别在于供应链管理战略的重心从成本转移至客户，从最终用户开始分析供应链各环节可能存在的收益和风险，进行企业的未来战略定位和设计。供应链管理战略的关注重心是整条供应链的竞争力，而不是局限于企业本身。例如在一条供应链中，供应商要通过制造商才能完成与客户之间的联系，制造商的调查报告，可以帮助供应商改进自身的原材料质量，提高企业的管理效率；与此同时，企业要通过与其他企业的合作，来制定行业内部关于产品质量、成本、流程等方面的标准。

所谓供应链战略，就是从企业战略的高度来对供应链进行全局性规划，它确定原材料的获取和运输，产品的制造或服务的提供及产品配送和售后服务的方式与特点。供应链战略突破了一般战略规划仅仅关注企业本身的局限，通过在整个供应链上进行规划，进而实现为企业获取竞争优势的目的。供应链战略管理所关注的重点不是企业向顾客提供的产品或服务本身给企业增加的竞争优势，而是产品或服务在企业内部和整个供应链中运动的流程所创造的市场价值给企业增加的竞争优势。

二、供应链战略的分类

Fisher 按需求模式将产品分为功能性产品和创新性产品两种。所谓功能性产品是指那些可以从商店中购买到的大部分商品，这些产品可以满足人们的基本需求，这些需求有生命周期长、需求稳定、可预测等特点；同时，功能性产品由于其具有稳定这一特性，决定了这些产品的行业竞争非常激烈，进而产品的利润往往较低。所谓创新性产品，是指那些为了满足特定需求而生产的产品，这种商品由于其特殊性，企业会通过技术或样式创新以满足顾客的各种需求，这种类型的产品可以为企业提供较高的利润；同时，该类产品的需求不如功能性产品的需求那样容易预测，所以这类产品的生命周期短，也存在一定的风险。因此，以功能性产品和创新性产品为基础，可以将供应链战略划分为有效性供应链战略和反应性供应链战略两类。

有效性供应链战略是指能够以最低成本将原材料转化成零部件、半成品、成品及在供应链中的运输等的供应链战略。由于功能性产品的需求可以预测，生产该类产品的企业可以采取各种措施降低成本，在低成本的前提下妥善安排订单、完成生产和产品交付，使供应链存货最小化和生产效率最大化。因此，生产功能性产品的企业应该采用有效性供应链战略。

反应性供应链战略是强调快速对需求做出反应的供应链战略，所对应的产品是创新性产品。这是因为创新性产品所面临的市场是非常不确定的，产品的寿命周期也比较短，企业面临的重要问题是快速把握需求的变化并能够及时对变化做出有效反应以适应需求的变化。

三、供应链战略管理的特征

供应链战略管理具有动态性、创新性和稳定性三个特征。

（一）动态性

供应链管理的目的，是提高企业的市场应变能力，使得企业在面对客户的不同需求时做出快速反应。动态性是供应链战略管理的一个重要特征，在供应链战略中，所有参与者或要素都应随着市场条件、竞争环境的变化而不断进行调适和变换，而衡量调适和变换的成效如何，则要看参与各方或要素间能否形成积极的互动和良性的循环。

（二）创新性

供应链管理的目的，是除去供应链中存在的没有利润，或者说没有价值的环节，即所有对客户或产品没有帮助的单纯浪费成本的环节，都应该被从供应链链条中移除，从而为企业带来最佳效益。为了满足这个目标，在供应链管理中，除了传统的质量、成本和时间管理以外，还需要有不断创新的管理方法、管理理念和管理技术。如前置期管理、快速反应、有效客户反应、供应商管理库存、协作计划、预测与补货等。

(三)稳定性

马丁·克里斯托弗在《物流竞争——后勤与供应链管理》一书中指出:"先进的企业把创造顾客价值的价值链看作一个有机整体,通过提升价值链的价值和降低整体成本使所在的供应链更具竞争力。真正的竞争已经不是企业与企业之间的竞争,而是供应链与供应链之间的竞争。"正如其在书中所说的那样,真正的竞争已经不是企业与企业之间的竞争,而是供应链之间的竞争,那么传统意义上单个企业的竞争已经不能带来整条供应链的胜利,供应链的竞争力是处于整个链条上各个企业竞争力的集合,这种竞争力的提升不仅仅是单个企业竞争力的提升,而是要通过企业与企业之间的长期合作,建立起有效的信息与资源共享的渠道,从而实现优势互补,提高管理效率,从而降低整条供应链的成本,才能达到增强供应链竞争力的目的。

第二节　供应链战略管理的规划与实施

一、供应链战略管理的规划

供应链战略管理的规划,可以从供应链的合作战略、竞争战略、文化战略和供应链战略联盟评价四个方面进行。

(一)供应链合作战略

供应链合作战略是指一种基于高度信任,供应链成员间共享各种资源,取长补短,存在一种长期的战略合作关系,是提高整条供应链竞争力的基础。选择正确的战略合作伙伴对企业的供应链战略管理有深远的意义。因此,供应链战略管理规划的第一步,是对战略合作伙伴的合理评估,其包括以下四个部分。

1. 战略价值

战略价值指与可能的合作伙伴的有价值的合作项目及其产品和服务对于企业的短期、中期或者长期战略的积极的正面的影响。主要指标包括战略一致性与适应性、增长的潜能、品牌影响力、产品与服务的可获得性和可靠性、替代产品与服务的可获得性、与现存供应商关系的兼容性和协同性、对核心能力的影响、新产品与服务进入市场的速度等。

2.商业价值

商业价值指能从有价值的合作项目涉及的产品与服务中所能获取的商业利润。主要指标包括产品或服务定价、总成本减少程度、单位成本减少程度、运营成本与花费减少程度等。

3.合作意愿

合作意愿指可能的合作伙伴正在实行或者准备实行合作的积极程度。主要指标包括可依赖的程度、与合作方组织共事的意愿、信息共享的质量与水平、信息的开放性与透明性、影响核心能力的意愿、共担风险的意愿、增强合作与联盟原则的意愿、对合作关系各个层次上的支持等。

4.综合能力

综合能力指合作伙伴的能力及一起合作完成有价值项目的实力。主要指标包括技术能力、财力、研发能力、产品与服务的差异性及支持系统、产品与服务的生命周期管理能力、以前合作与联盟的经验、风险管理能力和创新能力等。

企业与企业之间的合作离不开信任，供应链战略管理的基础便是供应链合作战略的规划与实施。供应商与制造商等其他供应链上的企业之间关系紧密，应当在战略制定上统一合作，从而促使各个利益体在供应链的发展与进步中合理分配利益，从而使得各个利益体之间的战略合作伙伴关系更加紧密。

(二)供应链竞争战略

真正的竞争已经不是企业与企业之间的竞争，而是供应链之间的竞争，那么在供应链战略管理的规划中，对于供应链竞争战略的规划就是提高供应链竞争力的重要内容。伴随信息技术的快速发展，企业的竞争对手来自世界各地，信息传递的及时性不断提高，企业能否快速及时地获取相关的竞争信息对企业能否在竞争激烈的市场环境中生存下来至关重要。除了及时获取竞争信息带来的竞争压力以外，企业对资源的获取难度加大、环境保护对企业的要求提高、客户因为消费需求的变化而对产品的要求越来越苛刻，这一系列压力为企业的管理带来更大的挑战。为了满足客户日渐增多的各种需求，供应链管理要将信息技术应用至供应链管理各个环节中去，以建立一个反应迅速的系统，从而提高整个供应链的效率，发挥供应链上各个企业的优势，达到降低供应链各个环节成本的目标，从而提高自身的竞争力。

市场经济的本质是竞争，核心竞争力是持续竞争优势的源泉，是企业在经营过程中形成的、不易被竞争对手仿效的、能带来超额利润的独特的能力。核心竞争力也是企业赢得竞争的基础和关键。对供应链管理来说，加强企业特别是核心企业的核心竞争力的培养尤为重要。要培养企业的核心竞争力，就要集中企业资源从事某一领域的专业化经营，在这一过程中逐步形成自己在经营管理、技术、产品、销售、服务等诸多方面与同行的差异。在发展自己与他人上述诸多方面的差异中，就可能逐步形成自己独特的可以提高消费者特殊效用的技术、方式、方法等，而这些有可能构成今后企业核心竞争力的要素——如何提升企业核心竞争力，应从锁定目标、集中资源、提高和储备知识技能、战略定位等做起。

（三）供应链文化战略

Michael Hammer 教授曾经指出："在围绕你四周墙壁之内能够取得的利益是有限的，下一波巨大的机遇就在于拆除你与用户之间、你与供应商之间的围墙。"其意味着 21 世纪的竞争不仅仅是企业与企业之间的竞争，而是供应链与供应链之间的竞争。供应链就是一些有供求业务关系的企业所形成的集合，但是，各节点企业由于制度、规模、地域、民族、行业等的不同，在管理方式、经营理念、价值观、工作风格等方面会产生各种差异。供应链的合作是企业与企业之间的合作，如果缺少一个能够让供应链上所有企业所认同的价值基础或文化基础，那么这种差异便难以融合，甚至产生冲突和抵触，最终会对供应链管理的效果造成负面的影响，甚至阻碍供应链管理的发展。因此，供应链的战略管理不仅仅包括对合作伙伴的认定和供应链竞争战略的规划，还包括供应链的文化战略，必须对供应链上各个企业的文化进行系统整合，增强它们之间的亲和度，以便有效地消除供应链中各种文化的摩擦及由此导致的系统内耗。供应链文化是供应链上各节点企业在较长时间的合作过程中逐步形成的共有的信念、行为准则和行为方式。供应链文化以合作共赢为理念，以系统优化为目标，以诚实守信为核心，强调利益共享、风险共担，注重国际接轨与东西方文化融合。它包括价值观、经营哲学、道德准则、管理制度、员工心态及由此表现出来的企业共同的风范和精神。它所倡导的信任与合作精神、商业理念和行为规范、积极创新和奋发向上的事业态度，是供应链运行机制的文化基础。

目前供应链文化战略的规划与实施包括以下四个方面。

1. 培养合作共赢意识

在供应链中企业之间的经营关系不再是零和博弈关系，而是一种正和博弈的双赢关系。在合作中，既要考虑自身利益，还必须考虑供应链上其他企业的利益。

2. 确立整体优化思想

在供应链中，客观上存在着企业个体利益之间、个体利益与整体利益之间的冲突。要解决这种冲突，需要一定的思想基础，即供应链上的企业都要有整体优化思想。

3. 提倡相互信任精神

美国学者戴明曾经指出："一个系统要想实现效率最大化，信任是必不可少的。如果没有信任，人员、团队、部门及分公司之间就不可能合作。如果没有信任，每一个成员都将致力于保护自己的眼前利益，这将会对自身及整个系统造成长期的损害。"

4. 培育风险共担理念

在供应链运作过程中，存在着预测不准、需求不明、供给不稳定等现象，甚至形成"长鞭效应"(即需求朝着供应链上游方向被逐级放大的现象)。链上企业对自身利益的本能追求，使合作自始至终都存在着道德风险。所以，在供应链管理中要培育利益共享、风险共担的理念并付诸实践。

(四)供应链战略联盟评价

供应链战略联盟综合绩效评价，是基于各供应链成员的共同利益，在确保联盟利益的前提下，从战略管理的角度，对联盟目标实现情况和联盟成员关系进行评价，以指导企业的联盟行为，全面实现联盟的预期战略目标和成员企业间的长期合作，不断提升联盟的战略绩效。

供应链战略联盟综合绩效评价指标应遵循以下原则。

1. 系统性原则

系统性原则要求所选定的评价指标之间具有综合性、整体性、相关性和层次性，这是设计评价指标的首要原则，即评价指标要包括影响成本控制效果的众多因素。供应链绩效评价必须直接与供应链绩效战略相一致，同时也要和各公司的战略相容。指标的选择应和组织的战略目标相一致，绩效评价方法要与战略目标相一致。

2. 科学性原则

指标需要真实准确反映企业的经济运行水平，保证所得数据的完整性和数据处理方法的科学性，每一项指标的确立都应建立在充分的论证、调研，并对数据进行科学计算推演的基础上。

3. 可操作性原则

设计的业绩评价指标要易于评价者和被评价者的理解与计量，有利于界定成本控制的责任，应尽量使用简单、具体、易懂的财务指标和非财务指标，便于操作使用。

4. 战略导向性原则

成本控制的目的是为实现战略管理提供有力支撑，从而使企业积极主动地采取措施，准确估量和分析外部环境与内部条件，以企业战略为导向，实现战略目标、经营策略和市场定位等多方面的动态平衡。因此，在指标设计上应适度反映企业的战略思维和经营策略。

供应链战略联盟综合绩效评价指标通常包括以下内容。

第一，财务层面指标，包括产品成本降低率、现金周转率、市场占有率、流动资产周转率、存货周转率、总资产回报率、联盟关系紧密度、经营绩效、规模效益、企业财务风险等指标。

第二，客户层面指标，包括市场份额、客户满意度、新客户增长率、准时交货率、缺货比率、产品合格率、产品保修率、客户对服务和产品质量的满意度等指标。

第三，联盟系统指标，包括联盟获利能力满意度、联盟运作能力满意度、联盟目标完成度等指标。

第四，业务流程指标，包括交货柔性、产量柔性、产需率、产销率、研发效率、原材料利用率等指标。

二、供应链战略管理的实施

供应链管理战略的主要内容有四个部分：供应链体系设计、供应链合作伙伴选择、供应链绩效评价、供应链风险管理。战略过程可以简单分为战略规划、战略实施、战略控制三个。所以也可认为供应链战略管理的过程包括:供应链管理战略规划、供应链管理战略实施、供应链管理战略控制三个阶段。

所谓战略实施,就是把企业的战略方案转化为具体的行动,通过战略变革达到战略方案所要求的各项目标,进而达到全局制胜的动态过程。供应链战略管理的实施其实就是将前期,也就是供应链战略管理的规划部分中的内容具体实施出来。在实施过程中,信息技术的支持是必不可少的,因此供应链信息战略也是供应链战略管理实施的重要内容之一。具体来说,供应链管理战略的实施,即根据影响供应链的驱动要素,确定供应链的外观和能力的设计参数与策略决策,然后在由这些决策所产生的大框架下,供应链通过执行常规的、持续进行的运作来实现它的任务。供应链战略实施流程包括计划、采购、制造、配送和退货五个环节,在供应链战略实施中存在着大量的竞争情报需求。

供应链运作参考模型(supplychain operations referencemodel)是由国际供应链理事会(SCC)开发的产品,是第一个跨不同行业的供应链标准流程参考模型,也是供应链管理的通用语言和流程诊断工具。SCOR 模型将供应链界定为计划(plan)、采购(source)、制造(make)、配送(deliver)、退货(return)五大流程。计划指企业供应链活动所有的运作都需要计划并且需要对其他四个流程中的运作进行组织。采购包括生产产品和服务所需的物资(资金)的活动,采购活动与财务活动密切联系。制造即开发和制造供应链所提供的产品和服务的作业。配送包括接受顾客订货和向顾客发送产品的部分活动。

第三节　供应链战略联盟

一、战略联盟

战略联盟(strategic alliance)最早是由美国 DEC 公司总裁 J. Hopland 和管理学家 R. Nagel 于 20 世纪 90 年代提出的概念,受到理论界和商业界学者与企业家的普遍赞同。Michael E. Porter 认为,联盟是超越了正常的市场交易但并非直接合并的长期协议。它的一般做法是通过与一家独立的企业签订协议来进行价值活动(如供应协定)或与一家独立的企业合作共同开展一些活动(如营销方面的合资企业)。美国乔治华盛顿大学的 Charles Hill 教授也认为,战略联盟是实际的或潜在的竞争者之间的合作协定。我国经济学家张维迎教授同样认为，企业联盟是企业间在研发、生产、销售等方面相对稳定、长期的契约关系。这种观点强调战略联盟是一种长期的契约关系。

二、供应链战略联盟

供应链战略联盟是伴随供应链管理理论和战略联盟理论的持续发展而产生的，企业通过组织间的各种合作来提高自身的核心竞争力。通过企业自身资源的合作共享，企业与企业可以实现共赢。因此，在同一条供应链上的企业也基于战略联盟的思想，以建立战略联盟的形式，形成一种长期的合作关系，便于加强供应链管理，共享各种资源，产生了所谓供应链战略联盟。

供应链战略联盟是在产业链紧密相关的两个环节上企业间的战略联盟，指组成供应链的节点企业为自身存在和持续改进而结成的共享机遇、共担风险的一种组织形式。它是为适应全球制造、敏捷制造、虚拟制造等先进制造模式而形成的以资源外用为特征的集成企业网络。供应链战略联盟的内容包括以下几方面。

第一，供应链战略联盟的前提是合作企业拥有互补的资产和技术，任何一方都无法独立完成组织目标。

第二，供应链战略联盟存在的目标是通过企业间的不断合作，以提升企业的竞争力，获取更大的价值，但是当预期目标达到之后，战略联盟在巩固的同时，也会促进新的战略联盟的产生。

第三，供应链战略联盟中的企业是处于供应链上的企业，它们之间是基于价值链竞争性合作关系，联盟的形成以信息技术与管理相结合发展到一定程度为前提，企业在开放的信息网络环境下，实现整条价值链上信息的交换与共享，建立群体决策模式，最终达到企业同步化、集成化计划与控制的目的。

三、供应链战略联盟的作用

（一）共享资源

通过供应链战略联盟的合作，企业与企业之间可以在一定意义上共享人力、物力、财力等各种资源，用自身的优势弥补对方企业的劣势，产生“1＋1＞2”的效果。企业间的联合可以形成更为强大的竞争联盟，从而提高企业自身的竞争力。

(二)帮助企业自身提高

通过供应链战略联盟的合作，基于企业与企业之间的资源共享，企业员工与员工之间的交流机会增加，优势技术信息传播速度加快，从而加快企业的技术创新；降低研发成本和风险，同时也便于标杆管理的实施，从而提高企业的学习能力，加快企业的进步步伐。

(三)提高市场响应速度

战略联盟可以优化供应链，帮助企业缩短产品研发和生产的周期，继而实现拉动式供应链的必要条件，从而为客户提供个性化定制，满足各种市场需求。

(四)实现规模经济

所谓规模经济，就是伴随企业的规模扩大，可以不断降低产品的长期平均成本，从而提高企业的市场竞争力。规模经济是建立在劳动分工基础上的，劳动分工可以提高企业产品的生产效率，提高产量，降低劳动成本。通过供应链战略联盟的合作，可以在联盟内部实现供应链上的劳动分工，从而实现规模经济，降低企业的管理费用、生产成本、交易成本。同时又不会影响企业作为一个独立个体的灵活性。

(五)风险分散

通过供应链战略联盟的合作，企业不用再独自面对研发风险或市场风险。战略联盟可以将这些风险分散到各个企业中去，从而在一定程度上降低企业运营过程中的风险。

四、供应链战略联盟的种类

迈克尔·波特将战略联盟分为横向联盟和纵向战略联盟两种类型，这种分类是以联盟中的企业在价值链中承担的环节是否相同为标准的。如果承担的环节相同，就称为横向联盟，比如联合生产、联合采购、联合研发、联合销售等。而在产业链紧密相关的两个环节上的企业间组成的战略联盟，也就是本文提到的战略联盟，称为纵向战略联盟。战略联盟中的企业在供应链自己所处的环节上往往具有独特的竞争优势。纵向战略联盟可以分为两种类型。

第一，与产业链下游环节企业的前向战略联盟，如生产商同经销商之间的产销战略联盟，研发机构和生产机构之间的研发-生产战略联盟等。

第二，与产业链上游环节企业的后向战略联盟，如供应商同生产商之间的供产战略联盟，如第三方物流企业与生产商之间的物流-生产战略联盟等。

如果以联盟合作伙伴在联盟协议中是否涉及股权合作为标准，可以将战略联盟划分为两种。

第一，股权式战略联盟。股权式战略联盟主要是指涉及股权参与的合伙形式，是以股权为纽带建立的战略联盟，具体又可分为合资型战略联盟和相互持股型战略联盟。合资型战略联盟是指双方母公司共同创立合资公司，各拥有合资项目一定的股权，拥有对合资公司人事和管理权限，并按照出资的比例分配合资企业的利润，合资生产和经营的项目分属联盟成员的局部功能。相互持股型战略联盟是指联盟成员为巩固良好的合作关系，长期地相互持有对方少量的股份，与合资型战略联盟不同的是，这种方式不涉及设备和人员等要素的合并。

第二，契约式战略联盟。契约式战略联盟主要是指借助契约建立的、不涉及股权参与的合伙形式，这种联盟方式适用范围较广，灵活性较大，涉及企业的研发、采购、生产、销售等各个职能部门和经营领域。按照波特与富勒对战略联盟的定义，契约式战略联盟是介于市场与企业之间的一种协议安排，是一种纯粹的联盟形式。联盟中各成员签订长期合作契约，通过契约规范成员行为，实现长期合作。当联盟的核心业务分属不同的成员企业、难以被剥离出来置于同一企业内时，或者为了实现更加灵活地收缩和扩张、合作伙伴不愿建立独立的合资公司时，契约式战略联盟便出现了。契约式战略联盟以联合研究开发和联合市场行动最为普遍。最常见的形式包括技术交流协议、合作研究开发协议、生产营销协议、产业协调协议、供应链等。

第四节　供应链与业务外包

一、业务外包概述

外包这种管理模式早在20世纪60年代的美国就开始出现了，但真正发展成规模是在80年代以后，由于产业空洞化和国际竞争力的下降，美国企业纷纷致力于企业重组，在这一过程中不少企业将业务委托给外部单位。

所谓外包(outsourcing)也称资源外包、业务外包。具体而言，业务外包是指企业整合利用其外部相对优秀的企业资源，将一些非核心的、次要的或辅助性的功能或业务外包给企业外部的专业服务机构，利用它们的专长和优势来提高企业整体的效率和竞争力，而自身仅专注于那些核心的、主要的功能或业务。所以从本质上讲，外包是企业的一种经营战略，是企业经营管理的一种新理念。

劳动分工理论可以算作业务外包理论最早的理论依据之一。Adam Smith 在其《国富论》中详细阐述了劳动分工对提高生产率的好处，业务外包可以看成是劳动分工的延伸，外包不但简化了管理的复杂性，还有助于提高承包商的专业化生产率。David Ricardo 的比较优势理论和 Michael Porter 的价值链理论也为外包提供了理论支持。经济学中，有个很有名的“木桶理论”，该理论认为木桶盛水的多少不是由最长而是由最短的木板决定的。外包用“木桶理论”解释，就是企业可以把最短的木板交给其他企业制造，提高该木板的整体高度，从而提高容量。

二、外包的优势与劣势

（一）业务外包的优势

1. 分散企业所承担的风险

企业由于受到自身资源和能力的限制，将自身的弱势环节外包给供应链上的其他企业，特别是在该领域占有核心优势的企业，一方面可以提高企业自身产品的技术水平；另一方面将企业自身所承担的政治、经济、市场、财务等方面的风险分散到承担外包任务的企业身上，增加了企业的灵活性。

2. 在企业之间共享资源

传统企业的资源，主要是指企业自身拥有的人力、资金、技术、生产设施、土地、厂房、销售网络及其他配套设施等，这些资源一方面可以帮助企业制造产品、获取客户资源、增加企业绩效；另一方面，伴随着当今世界经济的迅猛发展，市场的需求不断变化，企业自身拥有的有限资源反而成了制约企业发展的“瓶颈”。伴随企业的发展，合理的资源配置是企业应当重视的战略问题，无论多么强大的企业其资源总是有限的，所以企业应当将有限的资源配置在自己的优势环节，不要被其他辅助环节或弱势环节拖住后腿。把那些辅助环节或者弱势环节外包给擅长的企业去做，从某种意义上讲等于共享了外包企业所拥有的资源，突破了企业自身资源的桎梏，在降低生产成本的同时也为外包公司提供了新的业务，达到一定意义上的供应，使得企业能够更好地面对当前变幻莫测的市场环境，提高企业的竞争力。

3. 降低生产成本

企业在面对自身不擅长的领域或生产环节时，往往会在这个“不重要”的领域投入高于市场平均水平的人力、物力、财力。与此相反，那些擅长此环节的企业在提供同样的服务时其产品质量、技术水平都要远远高于原企业，其生产成本却低于原企业。此时企业选择外包战略，即通过外向资源配置，省去了原来在弱势环节上的技术、设备、人力等各方面的投资，很大程度上降低了企业的成本。与此同时，这些辅助业务或弱势环节往往在企业内部的管理也较为混乱，或者说运行效率较低，企业在外包的同时也可以将这些“拖后腿”的管理难题抛给外包公司，将企业的精力更好地集中在核心业务上。

（二）业务外包的劣势

1. 商业机密外泄可能性提高

业务外包一方面使得原企业可以共享外包企业的资源，但是另一方面，外包企业也需要与原企业共享各类产品信息、商业数据甚至是知识产权。如果该外包企业不仅仅与一家企业保持着合作关系，同时也与其他同行业企业甚至是原企业的竞争者合作，那么企业商业机密外泄的可能性在业务外包环境下会大大提高。因此，企业在选择业务外包时，要注重商业机密外漏的可能性，做好防范措施，如避免影响到企业核心竞争力的业务外包，或者建立防火墙等。

2. 企业控制力下降

业务外包可以让企业将自身的辅助业务外包给外部企业，降低企业的成本和管理费用，但是外包的同时，企业对于该业务的控制力也减弱了，这就要求企业与外包企业之间时刻保持信息畅通，即应与外包企业维持一种长期的合作关系，或者对业务实行部分外包的策略，避免由于企业控制能力减弱导致的业务能力下降及不必要的损失。将业务外包的同时，特别是将物流外包给外部企业，很可能导致企业与供应链上的上下游企业及消费者之间的联系发生缺失，这对企业来说是一种资源上的损失，也阻碍了企业对业务流程的调整和改进。

3. 企业协调成本增加

业务外包可以降低企业原有的管理费用，但是却要求企业与外包企业之间保持时刻的沟通，维持这种沟通与协调的能力，需要企业投入新的人力、物力和财力。因此，在决定业务外包之前，应当对业务外包为企业带来的新的协调成本进行合理的估计，避免因为低估协调成本或者因为与外包企业沟通协调不畅而导致企业运营成本过高或产品质量下降等损失的出现。

（三）外包的主要方式

依据不同的标准外包的方式多种多样，如果按照企业与外包企业之间合作关系的深入程度，可以划分为以下四种形式。

第一，合同关系式外包。合同关系是发生在当事人之间的一种法律关系，这种合同关系的时间较短，是指企业将自身的业务流程的某一个环节外包给其他企业，并且以签订合同的形式注明外包公司应当履行的义务，是一种类似一次性约定式的关系。

第二，业务剥离式外包。企业在运营过程中，对目前的业务和资产进行厘清，将一部分业务从原企业划分出去，成立新的子公司或者分公司，这一部分业务将转变为一个独立的企业。独立出来的企业再对原企业提供外包服务，这种外包形式降低了企业之间的沟通与协调的成本。

第三，战略联盟式外包。战略联盟是现代企业竞争的产物，它是指一个企业为了实现自己的战略目标，与其他企业在利益共享的基础上形成的一种优势互补、分工协作的松散式网络化联盟。它可以表现为正式的合资企业，即两家或两家以上的企业共同出资并且享有企业的股东权益；或者表现为短期的契约性协议，即两家公司同意就某一课题，例如开发某种新产品等问题进行的合作。

第四，合作关系式外包。合作关系式外包企业与外包企业之间的关系最为紧密。这里的企业一般为供应链中的核心企业，其他的外包企业对其有非常强的依赖性，例如汽车制造供应链中汽车制造商与分销商之间的关系。

如果按照企业外包的业务类型，可以分为以下几种。

第一，研发外包。研发外包就是将企业的研发业务外包给有较强技术实力的企业，以在一定程度上弥补企业自身在开发能力上的不足与缺陷，但是这并不代表原企业就可以完全放弃研发部门的投入。

第二，生产外包。生产外包一般是企业将生产环节外包给其他企业，这种情况一般发生在发达国家的企业将其制造环节外包到发展中国家或者说劳动力水平较低的国家去，由于这些国家的劳动力成本低，其制造成本也低于原企业。这样，企业可以将自己的注意力放在核心业务上，例如对产品的研发、对新产品的宣传等。

第三，物流外包。物流外包就是指企业将自身的物流环节外包给物流服务提供商。企业物流水平的提高要求企业投入大量的资金和专业技术，物流对于土地和设备及交通运输设备的要求都很高，这需要企业投入大量的时间和金钱，并且很难在短时间内见效。因此，企业将自身的物流外包给物流服务提供商，很可能使企业迅速摆脱物流水平低带来的限制，加速企业的发展，降低企业的运营成本。

第四，咨询式外包。咨询式外包就是将企业无法解决或者希望快速解决的问题交由专业的企业进行。这种方式的外包更像是寻找外部的智库，例如寻找各种咨询公司提供技术和信息上的支持，可以为企业节省大量的人力成本和时间成本。

第五，销售外包。销售外包是业务外包的一个分类，是指企业将其产品或营销活动的职能部分或全部委托给一家或几家拥有专门销售技能或销售网络的外部公司执行，企业只在营销决策上进行监督和管理，并规定和取得营销活动的既定收益。通过此种模式企业可以规避一定的前期市场风险和销售团队建设及管理等费用，以较低成本获得较大的收益。

第四章　物流系统规划

第一节　物流系统概述

物流活动涉及经济和生活的各个方面，物流行业的组成也十分复杂，以此为研究对象和研究内容的物流学科属于经济学、管理学、工程学与理学等学科相互交叉的综合性新学科。因此，必须采用系统的观点和方法对物流活动进行研究。

一、物流系统的概念

系统是由相互作用和相互依赖的两个或两个以上元素结合而形成的，具有特定功能的有机整体。

物流系统是指在一定的空间和时间里，物流活动所需的机械、设备、工具、节点、线路等物质资料要素相互联系、相互制约的有机整体。它是由物流各要素组成的，要素之间存在着有机联系并具有使物流总体合理化功能的综合体。物流系统是社会经济大系统的一个子系统或组成部分。

二、物流系统的特点

物流系统具有一般系统所共有的特点：整体性、相关性、目的性、环境适应性，并具有规模庞大、结构复杂、目标众多等大系统所具有的特征。

物流系统的特点主要有以下几点。

(一)物流系统是一个“人-机系统”

物流系统是由人和形成劳动手段的设备、工具所组成。它表现为物流劳动者运用运输设备、装卸搬运机械、仓库、港口、车站等设施，作用于物资的一系列生产活动。在这一系列物流活动中，人是系统的主体。因此，在研究物流系统的各个方面问题时，把人和物有机地结合起来，作为不可分割的整体，加以考察和分析，而且始终把如何发挥人的主观能动作用放在首位。

(二)物流系统是一个大跨度系统

物流系统是一个大跨度系统，这反映在两个方面：一是地域跨度大，二是时间跨度大。在现代经济社会中，企业间物流经常会跨越不同地域，国际物流的地域跨度更大。通常采取储存的方式解决产需之间的时间矛盾，这样时间跨度往往也很大，大跨度系统带来的问题主要是管理难度较大，对信息的依赖程度较高。

(三)物流系统是一个可分系统

物流系统无论其规模多么庞大，都可以分解成若干个相互联系的子系统。这些子系统的多少和层次的阶数，是随着人们对物流的认识和研究的深入而不断扩充的。系统与子系统之间，子系统与子系统之间，存在着时间和空间上及资源利用方面的联系；也存在总的目标、总的费用及总的运行结果等方面的相互联系。

(四)物流系统是一个动态系统

一般的物流系统总是连接多个生产企业和用户，随需求、供应、渠道、价格的变化，系统内的要素及系统的运行也经常发生变化。这就是说，社会物资的生产状况，社会物资的需求变化，资源变化，企业间的合作关系，都随时随地影响着物流，物流受到社会生产和社会需求的广泛制约。物流系统是一个具有满足社会需要、适应环境能力的动态系统，人们必须对物流系统的各组成部分经常不断地修改、完善，这就要求物流系统具有足够的灵活性与可改变性。在有较大的社会变化的情况下，物流系统要重新进行系统设计。

(五)物流系统是一个复杂的系统

物流系统的运行对象——物，遍及全部社会物质资源，资源的大量化和多样化带来了物流的复杂化。从物质资源上看，品种成千上万，数量极大；从从事物流活动的人员上看，需要数以百万计的庞大队伍；从资金占用上看，占用着大量的流动资金；从物资供应点上看，遍及全国城乡各地。这些人力、物力、财力资源的组织和合理利用，是一个非常复杂的问题。

在物流活动的全过程中，始终贯穿着大量的物流信息，物流系统要通过这些信息把这些子系统有机地联系起来。如何把信息收集全、处理好，并使之指导物流活动，也是非常复杂的事情。

物流系统的边界是广阔的，其范围横跨生产、流通、消费三大领域。这一庞大的范围，给物流组织系统带来了很大的困难，而且随着科学技术的进步，生产的发展，物流技术的提高，物流系统的边界范围还将不断地向内深化，向外扩张。

（六）物流系统是一个多目标系统

物流系统的多目标常常表现出目标背反，因此，系统要素间有着非常强的背反现象，即效益背反现象，在处理时稍有不慎就会出现总体恶化的结果。通常，对物流数量，希望最大；对物流时间，希望最短；对服务质量，希望最好；对物流成本，希望最低。显然，要满足上述所有要求是很难办到的。例如，在储存子系统中，站在保证供应、方便客户的角度，人们会提出储存物资的大数量、多品种问题，而站在加速资金周转、减少资金占用的角度，人们则提出减少库存。又如，使用最快的运输方式——航空运输，时间效用虽好，但运输成本高，经济效益不一定最佳；而选择水路运输，则情况相反。所有这些相互矛盾的问题，在物流系统中广泛存在。而物流系统又恰恰要求在这些矛盾中运行，要使物流系统在各方面满足人们的要求，显然要建立物流多目标函数，并在多目标中求得物流的最佳效果。

三、物流系统的模式

一般来讲，物流系统具有输入、处理（转化）、输出、限制（制约）和反馈等功能，其具体内容因物流系统性质的不同而有所区别。

（一）输入

输入包括原材料、设备、劳动力、能源等，就是通过提供资源、能源、设备、劳动力等手段对某一系统发生作用，统称为外部环境对物流系统的输入。

（二）处理（转化）

处理（转化）是指物流本身的转化过程。从输入到输出之间所进行的生产、供应、销售、服务等活动中的物流业务活动称为物流系统的处理或转化。具体内容包括：物流设施设备的建设；物流业务活动，如运输、储存、包装、装卸搬运等；信息处理及管理工作等。

(三)输出

物流系统的输出是指物流系统与其本身所具有的各种手段和功能,对环境的输入进行各种处理后所提供的物流服务。具体内容有产品位置与场所的转移;各种劳务,如合同的履行及其他服务等;能源与信息。

(四)限制和制约

外部环境对物流系统施加一定的约束称为外部环境对物流系统的限制和制约。具体内容有资源条件、能源限制、资金与生产能力的限制;价格影响、需求变化;仓库容量;装卸与运输的能力;政策的变化等。

(五)反馈

物流系统在把输入转化为输出的过程中,由于受系统各种因素的限制,不能按原计划实现,需要把输出结果返回给输入,进行调整,即使按原计划实现,也要把信息返回,以对工作做出评价,这称为信息反馈。信息反馈的活动包括各种物流活动分析报告、各种统计报告数据、典型调查、国内外市场信息与有关动态等。

四、物流系统的构成

物流系统是由物流要素或由子系统所构成。

(一)物流要素

物流要素就是指人、财、物、设备、任务和信息。这 6 个内部要素及制度、法律、行政命令和标准化系统等外部支撑要素。

1. 物流系统内部要素

(1)人。人是物流系统非常重要的一个因素,因为人是系统中最活跃、最具有能动性的因素。人是保证物流得以顺利进行和提高管理水平的最关键的因素。

(2)财。财是物流活动中不可缺少的固定和流动资金及其有效利用。

(3)物。物包括物流系统所传递的物品及维持物流系统自身运行所需要的物质条件。

(4)设备。设备包括物流活动中的建筑、机电设备、运输设备、装卸搬运设备等。

(5)任务。任务即按照客户要求,物流系统所实现的物资传递,也就是完成从供方到需方的物资传递。

(6)信息。信息包括人工或计算机处理的各种物流的统计资料、数据、报表、图纸、账目等。信息也是物流系统的重要因素之一,信息流与物流在系统中相辅相成。信息流是指在物流系统中,为物资(或物料)运动服务的情报、指令、信号、文件等形成的流动过程。信息流是双向的,它对物流起控制作用。在考虑信息时,要特别注意系统信息的反馈。

2. 物流系统外部支撑要素

物流系统的建立需要许多条件,要确定物流系统的地位,要协调与其他系统的关系,这些要素必不可少。主要包括以下几方面。

(1)体制、制度。物流系统的体制、制度决定物流系统的结构、组织、领导和管理方式,国家对物流系统的控制、指挥、管理方式及对系统地位的认可,范围的确定,是物流系统运行的重要保障。有了这个支撑条件,物流系统才能确定在国民经济中的地位。

(2)法律、规章。物流系统的运行,不可避免会涉及企业或人的权益问题。法律、规章一方面限制和规范物流系统的活动,使之与更大的系统协调;另一方面是给予保障,合同的执行、权益的划分、责任的确定都需要法律、规章来维护。

(3)行政命令。物流系统和一般系统的不同之处在于物流系统关系到国家军事、经济命脉,因此,行政命令等手段也常常是支持物流系统正常运转的重要支持要素。

(4)标准化系统。保证物流环节协调运行,是物流系统与其他系统在技术上实现联结的重要支持。

(二)物流子系统

物流系统包括作业子系统和信息子系统两大部分。

1. 作业子系统

作业子系统是指运输、储存、包装、装卸搬运、流通加工等职能系统。它是为了实现物流各项作业功能的效率化,通过各项作业功能的有机结合增进物流效率化的统一体。

该子系统中最重要的就是运输系统和仓储系统。运输在传统物流和物流中都具有非常重要的地位,因为它是联结供求的桥梁和纽带,只有通过运输系统才能实现物资的传递。物流系统中的运输系统更加注重服务成本、服务速度和服务的持续一致性,在设计物流系统时,要使运输速度和成本趋向平衡。仓储系统与运输系统一样,也是在传统物流系统与物流系统中处于重要地位的子系统,仓储系统主要涉及仓库管理和存储控制。

2.信息子系统

信息子系统又称为“物流情报系统”,这个子系统是传统物流所不具备的。它包括订货、发货管理、在库、出货管理等机能,力求完成商品流动全过程的信息活动。它同其他职能,如采购、生产、销售等有机地结合在一起,通过信息的顺畅流动,从而提高物流系统的工作效率,是实现作业活动效率化的支持系统。信息子系统在物流系统中处于一个中心的地位。

第二节　物流系统的基本结构

一、物流系统的流动结构

物流系统有五个流动要素:流体、载体、流向、流量、流程。物流系统都要具备这五个要素,缺一不可,只是具体内容不尽相同。

(一)流体

流体指物流中的“物”,即物资实体。流体具有自然属性和社会属性。自然属性是指其物理、化学和生物属性。在物流过程中需要对流体进行检验、养护,根据物资实体的自然属性合理安排运输、保管、装卸等物流作业,使其自然属性不受损坏。社会属性是指流体所体现的价值属性及生产者、采购者、物流作业者与销售者之间的各种关系,有些关系国计民生的重要商品作为物流的流体还肩负着国家宏观调控的重要使命,因此,在物流过程中要保护流体的社会属性不受任何影响。由于物流的目的是实现流体从供应者向需要者的流动,为实现这一目的,尽管有一部分流体要不断地储存在仓库中,但这也是一种流动形式,这是流体在时间上的移动，所有的流体终究要经过运输等方式实现空间上的移动。总的来说，流体是处于不断流动的状态中的。

（二）载体

载体是指承载物的设备及这些设备赖以运作的设施。载体可分为两类：一类载体指基础设施，如铁路、公路、水路、港口、车站、机场等，它们大多是固定的；另一类载体指设备，即以第一类载体为基础，直接承载并运送流体的设备，如车辆、船舶、飞机、装卸搬运设备等，它们大多是可以移动的。物流载体的状况，尤其是物流基础设施的状况，直接决定物流的质量、效率和效益。物流学科研究物流载体的结构、规模，尤其要研究物流载体的网络结构、技术进步等，比如要研究物流中心或者配送中心的选址、载体的定位和跟踪、载体运行速度的提高、载体的协调等问题。

（三）流向

流向指流体从起点到终点的流动方向。物流的流向有以下四种。

1. 自然流向

自然流向是指根据产销关系所决定的商品的流向，这表明一种客观需要，即商品要从产地流向销地。

2. 计划流向

计划流向是指根据流体经营者的商品经营计划而形成的商品流向，即商品从供应地流向需要地。

3. 市场流向

市场流向是指根据市场供求规律由市场确定的商品流向。

4. 实际流向

实际流向是指在物流过程中实际发生的流向。

对某种商品而言，可能会同时存在以上几种流向。如根据市场供求关系确定的商品流向是市场流向，这种流向反映了产销之间的必然联系，是自然流向；实际发生物流时还需要根据具体情况来确定运输路线和调运方案，这才是最终确定的流向，这种流向是实际流向。在确定物流流向时，理想的状况是商品的自然流向与商品的实际流向相一致，但由于计划流向与市场流向都有其存在的前提，还由于载体的原因，导致商品的实际流向经常偏离自然流向。物流学科通过研究流向准确掌握流向的变化规律，达到合理配置物流资源、合理规划物流流向，从而降低物流成本、加快物流速度的目的。

（四）流量

流量是指通过载体的流体在一定流向上的数量表现。流量与流向是不可分割的，每一种流向都有一种流量与之相对应。因此，流量的分类可以参照流向的分类，也分为四种，即自然流量、计划流量、市场流量和实际流量。

但是，对流量的分类也有特殊性，根据流量本身的特点，可以将流量具体分为以下两类。

1. 实际流量

实际流量也就是实际发生的物流流量。它又可以分为以下几种：按照流体统计的流量，按照载体统计的流量，按照流向统计的流量，按照发运人统计的流量，按照承运人统计的流量。

2. 理论流量

理论流量即从物流系统合理化角度来看应该发生的物流流量，也可按照与实际流量相对应的五个方面来分类。

理想状况的物流应该是在所有流向上的流量都均匀分布，这样，物流资源利用率最高，组织管理最容易。但是实际上，在一定的统计期间内，在一个流向上流量达到均衡的物流是不存在的，在流体之间、载体之间、流向之间、承运人和托运人之间的实际物流流量是不可能出现均衡的，这样，就需要从宏观物流管理的角度，通过资源的合理配置、采用合理的物流运行机制等手段消除物流流向和流量上的不均衡。

（五）流程

流程是指通过载体的流体在一定流向上行驶路径的数量表现。流程的分类与上述流向的分类基本类似，可以分为自然流程、计划流程、市场流程和实际流程，也可以像流向的分类那样，分为理论流程和实际流程。理论流程往往是可行路径中的最短路径。路径越长，物流运输成本越高。如果要降低运输成本，一般就应设法缩短运输里程。

在任何一个物流系统中，这五个要素都是相关的：流体的自然属性决定载体的类型和规模，流体的社会属性决定流向、流量和流程；流体、流量、流向和流程决定载体的属性；载体对流向、流量和流程有制约作用，载体状况会影响流体的自然属性和社会属性。因此，对一个物流系统来说，可以根据流体的自然属性和社会属性确定流向、流程的远近及具体运行路线，根据流量的大小与结构来确定载体的类型与数量。

网络型物流系统中，在一定的流体从一点到另一点转移的过程中，经常会出现载体的变换、流向的变更、流量的分解与合并、流程的调整等变化，这在某些情况下是必要的，但也应尽量减少变换的时间、环节，降低变换的成本。

二、物流系统的网络结构

物流过程实际上是由许多停顿过程和运动过程组成的，与这种运动形式相对应，物流网络结构由物流节点和运输线路两种基本元素组成，即点和线。点就是节点，一般是指仓库、车站、码头、货场、物流中心、配送中心、零售店等。线是指点和点之间的联系，可体现为运输线路、运输方式、运输量及运输成本的综合。线路与节点的相互关系、结构、联系方式不同，也就形成了不同的物流网络。

（一）物流节点

物流节点是物流网络中物流线路的连接处。包装、装卸、保管、分拣、配货、流通加工等物流功能要素都是在物流节点上完成的。实际上，物流线路上的活动也是靠节点来组织和联系的。物流网络中的物流节点对优化整个物流网络起着重要作用，从发展的眼光来看，它不仅执行一般的物流职能，而且越来越多地执行指挥调度、信息传输等神经中枢的职能。随着物流系统化观念的增强，物流节点在实现物流系统的协调、顺畅和总体优化中的作用也逐渐增强。

1. 物流节点的功能

（1）物流处理功能

物流节点是物流系统的重要组成部分，是仓储保管、物流集疏、流通加工、配送、包装等物流活动的载体，是完成各种物流功能、提供物流服务的重要场所。

(2)衔接功能

物流节点不仅将各条运输线路连接成一个系统，使各运输线路通过物流节点形成相互贯通、错综复杂的物流网络，而且将各种物流活动有效地联系起来，使各种物流活动通过物流节点的整合实现无缝对接。物流节点的衔接效率将影响整个物流系统的效率。如沃尔玛成功地运用货物对接的衔接技术，减少物流节点中的库存量，而且没有引起运输成本的增加，从而提高了整个物流系统的效率与效益。

物流节点的衔接作用主要表现在以下几方面。

第一，通过物流节点将不同运输方式或同一运输方式连接起来，通过多式联运，实现集疏运输与干线运输、干线运输与支线运输的衔接。

第二，通过物流节点将运输、仓储、加工、搬运、包装等物流功能有效地联系起来，实现物流作业一体化。

(3)信息功能

物流节点是整个物流系统物流信息收集、处理和传播扩散的集中地。在物流系统中，每一个物流节点都是一个物流信息节点，若干个这种类型的信息点和物流信息中心结合起来，便形成了指挥、调控、管理、调度整个物流系统的信息网络。

(4)管理功能

物流系统中的管理设施和机构集中设置于物流节点之中，从物流系统的观点来看，物流节点是集管理、调度、信息和物流处理为一体的物流综合设施。整个物流系统运转是否有序化、合理化和效率化都取决于物流节点的管理水平。

2.物流节点的主要类型

按照节点的功能，可以将物流节点分为以下几种类型。

(1)转运型节点

转运型节点是指处于运输线路上，以连接不同线路和运输方式为主要功能的节点。例如，铁道运输线上的车站、货站，水运线路上的港口、码头，空运线路上的空港，连接不同方式的转运站和中转仓库等。货物在这类节点上停留的时间都比较短。

(2)储运型节点

储运型节点是指以保管存放货物为主要功能的节点，包括储备仓库、营业仓库等。这类节点主要是带有储备性质，货物存量较大，周转速度较慢，因此一般对仓库的货物保管、养护的要求比较高。

(3)集散型节点

集散型节点是指以集中货物或分散货物为主要功能的节点，包括集货中心和分货中心。集货中心，顾名思义，是将一定范围内来源分散、批量小，但总量较大的货物集中起来，以便大批量处理或发货。分货中心就是对集中到达的数量巨大的货物进行拆分处理，形成新的货体和新的包装形态，以适应大量、集中生产和小批量、分散的要求。

(4)配送型节点

配送型节点是指连接干线物流与末端配送，以货物配备和组织送货为主要功能的节点。这类节点的典型代表就是配送中心。配送中心是物流业发展中出现的新型物流节点，具有集货、分货、分拣、倒装、加工、配货、为客户调节库存、送货、收集及传递信息的功能。

(5)综合性节点

综合性节点是指在一个节点中将若干功能有机结合在一起，有完善的设备，能有效地衔接和协调各个工艺流程的集约型节点。配送中心和物流中心等都属于这一类型的节点，是为了适应物流大量化、复杂化、细致准确的要求而出现的。

物流节点的分类并不绝对，现实中各类节点往往是交叉并存的。另外，物流的发展对节点的要求不断提高，传统的单一型节点出现向多功能、综合性转变的趋势。

物流节点从结构层次上可以分为一级物流节点、二级物流节点和三级物流节点，包括物流园区、物流中心、配送中心和货运站三类。

一级物流节点(物流园区)是各地政府为了当地经济发展、物资流转需要而开辟的物流集中运作地。往往位于重要的生产基地、交通枢纽附近，或者位于集中消费地，如各大中心城市附近。其主要功能往往包括进口商品的分拨、中转、仓储和区域配送及出口商品的集中、中转、拼装箱、仓储、进出口报关等，还应具备集装箱货运站的功能。同时，物流园区一般也承担区域配送功能，配送重点为物流中心或城市配送中心。

二级物流节点(物流中心)是指具备集货、分货、中转、储存、流通加工、配送、信息服务等其中 4 项以上主要功能的节点。现实中的物流中心有多种存在形式，按其主要功能上的差异，可分为物流集货中心、物流分货中心、配送中心、物流转运中心、物流储调中心、流通加工中心等。

三级物流节点(配送中心、货运站)是指具备配送、中转、信息服务或集货的一项或多项功能的节点。

3. 物流节点的服务内容

相对于整个物流系统而言，节点是系统的转换点或终端，是直接面向服务对象的物流基础设施。

(二)物流线路

物流网络中的线路一般具有以下特点。

一是方向性。一般在同一条线路上有两个方向的物流同时存在。

二是有限性。节点是靠线路连接起来的，一条线路总有起点和终点。

三是多样性。线路是一种抽象的表述，公路、铁路、水路、航空路线、管道等都是线路的具体存在形式。

四是连通性。不同类型的线路必须通过载体的转换才能连通，并且任何不同的线路之间都是可以连通的，线路间的转换一般在节点进行。

五是选择性。两点间具有多种线路可以选择，企业既可以在不同的载体之间进行选择，又可以在同一载体的不同路径之间进行选择。物流系统理论要求两点间的物流流程最短，因此，企业需要进行路径和载体的规划。

六是层次性。物流网络的线路包括干线和支线。根据载体类型不同，物流线路可划分为铁路线、公路线、水路线、航空线、管道线五类。不同类型的线路，比如铁路和公路，都有自己的干线和支线，各自的干线和支线又分为不同的等级，如铁路一级干线、公路二级干线等。

节点和线路本来都是孤立、静止的，但是通过系统的方法，将节点和线路有机地结合起来就构成了物流网络，就能发挥系统的整体功效。节点与线路之间如何联系才能发挥最大作用，正是物流网络规划设计所要解决的问题。

第三节　物流系统规划

一、物流系统规划的含义

物流系统规划是根据现有的条件和未来发展的需要，从社会或企业整体利益出发，综合考虑社会经济、物流环境等各个方面的影响因素，合理利用资源，对区域或企业的物流发展的产业政策、物流活动模式、物流供应(如承载物流配送、仓储、信息等活动的园区、运输、网络等)进行合理规划,以最小的社会消耗、最佳的效益、最高的效率实现发展目标。

物流系统规划将对象视为一个相互联系的有机整体,从全局的观点出发,进行全面的综合分析,从整体上进行宏观控制。系统规划要遵循局部服从全局、个别服从整体、微观服从宏观、治标服从治本、眼前服从长远、子系统服从大系统的原则。只有重视了全局、整体和大系统的要求,使系统整体上合理、经济上最优,才能体现出系统的综合效益和整体效率。

二、物流系统规划的重要性

物流规划的重要性与物流本身的特殊性有关。

(一)涉及面广,需要有各方共同遵循的规划

物流的涉及面非常广泛,需要有各方共同遵循的规划。物流涉及军事领域、生产领域、流通领域、消费领域,涵盖了几乎全部社会产品在社会上的运动过程,是一个非常庞大复杂的领域。物流涉及的行业主管部门不但有交通部、铁道部,还有民航总局、邮政局、海关等。这其中的物流规划往往缺乏沟通和协调,更多是从局部利益考虑,再加上局部资源的有限性,就不可避免地破坏了物流总系统的有效性,为以后的物流发展留下诸多后遗症。所以,必须实施高层次的、全面的、综合的物流规划,将我国物流发展纳入有序的轨道。

(二)存在效益背反,需要规划进行协调

物流过程本身存在效益背反现象,需要有规划的协调。物流系统建设的过程很长,系统中诸多环节之间往往存在效益背反现象,如果没有共同的规划来制约,各个环节各自独立发展,就可能使背反现象更加严重。

(三)存在低水平重复建设现象,需要规划进行制约

物流领域容易出现严重的低水平重复建设现象,需要有规划的制约。物流领域进入的门槛比较低,而发展的门槛比较高,这就使物流领域容易出现低水平层次的重复建设现象。

(四)投资规模大,需要有规划的引导

物流领域的建设投资,尤其是基础建设的投资规模巨大,需要有规划的引导。如果没有有效的规划,就不能有效地利用资源,就可能造成巨大损失。

(五)要实现物流跨越式发展,需要有规划的指导

要跨越低水平的发展阶段,实现我国物流跨越式的发展,需要有规划的指导。我国物流系统建设还处于刚刚起步的低水平发展阶段,与发达国家有几十年的差距。就目前技术水平和管理水平而言,跨越这一差距是完全有可能的。但是,如果缺乏规划的引导和制约,各行其是,就会有相当多的地区和企业,重复这种低水平发展阶段,以致消耗大量的资源和时间。

(六)企业发展对物流规划的需求

就生产企业而言,在暴利时代结束之后,"轻资产"运行的新型企业,必须将大量制造业务外包,建立诸如供应链之类的物流系统,形成以联盟为新的组织形式的虚拟企业。这就必须对物流系统进行新的构筑,或对企业的整个流程从物流角度进行再造,这也正是物流规划的必要性之所在。社会上存在着一种误解,以为规划物流问题是宏观的问题而不是企业的问题,这显然是低估了物流对于企业发展的重要意义。

三、物流系统规划的内容和主体

(一)物流规划的层次和主要内容

1.国家一级的物流规划

国家一级的物流规划主要是指以物流基础设施和物流基础网络为内容的物流基础平台的规划。这一规划包括铁路和公路的线路规划、不同运输方式线路的合理布局、物流基地及相应的综合信息网络。

2.省、市一级的物流规划

省、市一级的物流规划主要是指地区物流基地、物流中心、配送中心三个层次

的物流节点及综合的物流园区规模和布局的规划。其中,物流基地、物流中心、配送中心三个层次的物流节点是省、市物流系统中进行外结内连的规模、功能各异的物流设施,是较大规模的投资项目,它们的物流规划也是省、市物流运行合理化的重要基础。

3. 经济运行部门的物流规划

经济运行部门的物流规划应当着重于物流本身的运行及"物流支持营销"各项事业发展规划。在物流基础平台之上,将有大量的企业和经济事业单位进行运作,如供应、分销、配送、连锁经营等,要使这些运作达到合理化和协调发展,需要有规划的指导,例如,以物流、配送为支持的分销,重要企业、重要产品的供应链规划及连锁规划等。

4. 企业的物流规划

生产企业,尤其是大型生产企业,从"营销支持"和"流程再造"角度进行物流系统的建设规划,会有效地提高企业素质,增强企业的运营能力。

(二)物流系统规划中的主体

1. 物流系统规划的主体

根据物流系统涵盖的范围不同,物流系统规划的主体也不同。一般而言,国家、省、市及物流系统规划经济圈中,物流系统规划的主体是政府。在物流业发展过程中,政府扮演的主要角色是规划者、投资者、培育者、引导者和调控者。具体的实施方式是政府委托产学研机构进行。许多城市制定了物流发展规划,对物流节点、物流园区进行了规划,这些物流节点的建设将会提高城市的整体物流水平。但是如果从物流运作的功能整体性和跨边界的特点来看,以城市的行政区划为基础来制定物流节点的规划具有局限性,可能会出现物流节点分布过密或者物流节点的作用不大的情况,从而影响整体的物流效果。因此,应以市场辐射区域或经济地理区域为界对物流节点进行发展战略规划,充分考虑区域经济的辐射范围和能力。显然,这一发展战略规划必须由政府来协调组织制定。

2. 物流系统规划实施的主体

物流系统发展规划的规划主体可以是政府(宏观物流),也可以是企业,但是物流系统规划实施的主体是企业,无论是宏观物流还是微观物流。所不同的是由企业进行规划时,政府应负一定的指导责任,当地政府也应当给予企业一定的支持。

四、规划中应注意的问题

(一)物流规划应体现出层次性

物流系统是由许多不同层次的系统组成的,各个层次在地位与作用、结构与功能上表现出等级秩序,在规划时应强调这种层次性。其主要表现在以下几方面。

国家一级的物流规划,应当与国家基础设施建设的国策相吻合,应当从物流综合的角度进行全面的规划,组建综合的网络。

省、市一级的物流规划,应着重于地区物流基地、物流中心、配送中心三个层次的物流节点及综合的物流园区规模和布局的规划。

企业的物流规划,应着重于“物流支持营销”的规划。

目前,由于一些局部利益问题、部门分割现象仍然存在,物流规划应当由部以上的更权威、更综合的机构去组织和制定。在各级省、市、自治区,应当由地区政府统筹物流规划事宜;应优先做好高一级物流系统的规划,即国家一级,这样才能更有效、更合理地解决我国物流系统中的不合理之处。

(二)物流规划应加强对运输基础设施的统一规划

在物流系统中,运输基础设施属于基础平台,其合理统一的配置是物流系统高效运作的前提。在物流运输资源稀缺的情况下,需要由政府对物流运输基础设施进行统一的规划和建设。

我国物流资源的管理权限被划归到多个部门。如铁路、公路、航空等运输资源,分别属于铁道部、交通部、航空总局等统辖。这几种基础运输方式之间的规划发展,由于条块分割严重而无法做到科学有效的统一配置,资源浪费极其严重。例如,北京市在做物流系统发展规划时,交通部、铁道部两个基础设施部门也在各自研究,彼此缺乏联系,由于北京铁路枢纽建设发展较早,相比公路枢纽离城市更近一些,以至于铁路枢纽被圈在公路枢纽之内。因此,在物流规划中,打破部门之间的限制,加强协调,进行统一规划,就显得极为重要。否则,各自为政进行规划会使资源无法整合，资源浪费会继续加重，长此以往，各部门的投资会被固化，所造成的损失也是难以弥补的。

（三）物流规划应注意物流节点的建设

物流系统的网络由点和线这两个基本要素组成。目前，我国在物流网络建设方面还存在着不平衡，在硬件的投入上偏重于线的建设，忽略了对物流基地、物流中心的建设。由于物流节点的建设明显落后于线的建设，致使物流系统点与线没有产生良好的结合，使我国物流资源分散、封闭，物流网络缺乏联系和动态性。因此，在当前我国物流状况比较落后的情况下，建设一些连接多种载体的枢纽点对于形成全国统一、开放和先进的物流网络具有战略意义。在物流系统规划时，应加大对物流基地和物流中心的规划和建设，通过这些节点将各种物流网络线连接起来，更充分地发挥物流网络的作用。

（四）在物流规划中应注重物流人才培养体系的完善

物流系统中，人才因素是系统整合的关键要素。物流技术的创新和物流系统的运作需要具有综合素质的物流专业人才。由于我国长期以来对物流发展重视不够，物流方面的人才缺乏，物流教育水平比较低，学科体系不健全，物流从业人员的素质有待提高。政府应该在物流规划中提及物流人才的培养，为我国的物流发展增加人才储备，以适应我国物流快速发展的需要。

第四节　物流系统的网络布点——选址

一、设施选址在供应链中的作用

设施选址在整个物流网络规划中是十分重要的决策问题之一，它决定了整个物流系统的模式、结构和形状，将直接影响物流运行成本。设施选址决策在物流系统规划中处于战略规划的重要地位。设施选址的主要作用有以下几个方面。

（一）设施选址决策对供应链的运营有着长远影响

物流设施的建设需要较大的固定投入。如果某设施因区位不佳导致经营成本太高或缺乏竞争优势，则要废弃或迁移设施的代价是十分高的。合适的地理位置能使企业以较低的成本维持供应链的运营，而选址决策的失误将给供应链的运营带来很大的困难。例如，著名的亚马逊公司最初在美国只设有一个中心仓库，很难做到既降低运营成本，又能对全国范围的市场做出灵活反应。后来，该公司改变了布局策略，在全美很多地方都增设了仓库。

(二)设施选址决定了供应链的构架

设施的地理位置会影响设施的供应源和市场配置，对供应链中原料获取或产品分销的运输方式选择、合作企业选择、库存策略等均有重要影响，进而会影响供应链的构架。从供应链系统来讲，核心企业的设施选址还会影响供应商物流系统的选址决策。例如，摩托罗拉的气体供应一直是由北方气体公司提供，当摩托罗拉在中国天津建立生产基地后，北方气体公司就相应地建立了自己的工厂和销售机构。

二、选址的一般阶段

选址在整个物流系统中占有非常重要的地位，属于物流管理战略层研究的问题。选址决策就是确定所要分配的设施的数量、位置、规模及分配方案。这些设施主要指物流系统中的节点，如仓库、配送中心、零售商网点和服务中心等。设施选址一般分为四个阶段，即准备阶段、地区选择阶段、地点选择阶段和编制报告阶段。

(一)准备阶段

准备阶段的主要工作是针对选址目标提出要求，并确定选址所需要的技术经济指标。这些要求主要包括产品、生产规模、运输条件、需要的物料和人力资源等；相应的各类技术经济指标主要包括每年需要的供电量、运输量、用水量等。此外，还需掌握城市发展规划中各地域的土地性质。

(二)地区选择阶段

主要内容包括调查研究收集资料，如走访主管部门和地区规划部门以征询选址意见，在可供选择的地区内调查社会、经济、资源、气象、运输、环境等条件；对候选地区做出分析比较，提出对地区选择的初步意见。

(三)地点选择阶段

要对地区内若干候选地址进行深入调查和勘测，查阅当地有关气象、地质、地震、水文等部门调查和研究的历史统计资料，收集供电、通信、给排水、交通运输等资料，研究运输线路及公用管线的连接问题，收集当地有关建筑施工费用、地方税制、运输费用等各种经济资料，经研究和比较后提出数个候选地址。

(四)编制报告阶段

其主要工作内容包括以下几点。

首先，对调查研究和收集的资料进行整理。

其次，根据技术经济比较和分析统计的结果编制出综合材料，绘制出所选地点的设施位置图和初步总平面布置图。

最后，编写设施选址报告，对所选厂址进行评价，供决策部门审批。

三、物流设施选址的影响因素

就选址决策的影响因素而言，可以分为外部因素和内部因素两大类。外部因素包括诸如宏观政治及经济因素、基础设施及环境、竞争对手等；内部因素包括企业的发展战略、产品、技术或服务的特征等。

(一)影响选址决策的外部因素

1. 宏观政治、经济因素

宏观政治因素主要是指一个国家的政局是否稳定、法制是否健全、是否存在贸易禁运政策等。宏观政治因素是无法量化的指标，主要依靠企业的主观评价。

宏观经济因素包括税收政策、关税、汇率等，这一点与企业的选址决策直接相关，因为企业总是会寻求最宽松的经济环境。

2. 城市建设规划

因为城市发展是由城市规划所决定的，所以物流节点的选址必须符合城市发展规划的要求。一是要考虑现有城市布局和规模对物流节点的要求，否则可能面临物流节点迁移问题；二是要考虑城市发展对物流节点的需求和影响。如果不注意这一现象，就可能存在物流节点二次迁移问题。

3. 基础设施

基础设施包括交通设施、通信设施等，是构成物流网络的基础体系，直接影响到物流节点的建设、运营成本和绩效。现代企业中拥有一个良好的基础设施对于降低物流成本是十分关键的。如戴尔在田纳西州的工厂位置靠近主要高速公路，同时靠近联邦快递的一个配送中心。同样，信息流的畅通快捷对于降低库存成本有着重要影响，对于选址决策而言也是一个重要因素。所以，周边基础设施、通信设施的运行质量和成本对物流节点选址有重要的影响。

4. 周边环境

物流节点的周边环境包括自然环境及社会环境，其中劳动力成本与质量也是选址决策的一个关键因素，越来越多的国际企业选择在亚洲建立自己的制造工厂，就是由于当地低廉的劳动力成本。除去劳动力成本，劳动力的素质同样重要。戴尔在爱尔兰的工厂建在 Limerick，最初是看中当地较低廉的劳动力资源，随着戴尔工厂的进入及相关供应商的进入，劳动力成本越来越高，但是，戴尔对于当地的劳动力资源比较满意，因为当地的劳动力素质比较高，在戴尔的 Limerick 工厂中，50％的员工都具有学士学位。

5. 竞争对手

所谓“知己知彼，百战不殆”，在企业选址决策中必须考虑到竞争对手的布局情况，根据企业产品或服务的特征，来决定是靠近竞争对手还是远离竞争对手。

(二)影响选址决策的内部因素

企业的内部因素往往是选址最主要的依据，内部因素包括战略因素、产品技术因素两个方面。

1. 战略因素

企业的竞争战略对物流网络设计有重要影响。

以生产成本为导向的企业倾向于在成本最低的区位布局生产设施。例如，一些发达国家的企业为了降低成本，将生产基地迁到劳动力成本更低廉的国家或地区。

强调市场反应能力的企业，倾向于在靠近目标市场的区域布局生产设施，以便企业能对市场变化迅速做出反应。

便利连锁店的竞争战略是靠近消费者。因此，连锁网点会分散在区域范围的多个角落。而对于实施低价商品战略的折扣店来说，其会员店往往数量少，但每个店的规模较大。

对于全球化的物流网络的设计，首先需要明确每一个设施的使命及其战略作用。例如，对于生产支撑型物流设施，其主要使命是为生产活动提供物流支持，应该建立在设有海外生产基地的国家和地区；对于市场导向型设施，其使命是为当地市场提供独具特色的物流服务，因此，应该选择在具有较大市场规模或特定需求的地区；对于战略投资型物流设施，其重要使命是建立公司的长期竞争优势，便于与竞争对手进行战略竞争，因此，应该在具有全球战略意义的国家或地区进行设施布局。另外，还有一种政策引致的布局策略，主要是为了享受优惠政策或规避政策限制，选在有优惠政策或没有行业限制的国家和地区进行设施布局。

2.产品技术因素

与产品相关的技术因素包括产品生产工艺、设施和设备、原材料获取代价等。

如果产品生产工艺复杂、生产设施和设备投资高，适合采取数量少而规模大的集中布局策略，通过充分发挥规模经济效应，降低生产成本。例如，电脑芯片的生产就适合采取这种布局策略。反之，则适合采用分散的网络布局策略，使生产基地接近市场，降低产品运输成本。

另外，当获取原材料的运输代价较大、产成品运输代价相对较低时，设施点应向原料产地靠近，以降低原料运输成本；当获取原材料的运输代价较低而产成品运输代价相对较高时，为降低产品的运输费用，设施点应该向市场移动。

四、选址的一般方法

选址的一般方法包括连续型选址方法和离散型选址方法。

（一）连续型选址方法

连续型选址是假定待选区域中任一点的地位均与其他点的地位相同，因而在数学上就有无限多个可能的地点存在。连续型选址模型具有以下两个重要属性：

选址空间是连续的，也就是说，在空间中的每一点上，设施选址都是可行的方案；能够通过合适的量度来测量距离，如曼哈顿或直角距离度量、欧几里得或者直线距离度量等。

（二）离散型选址方法

在离散型选址中，目标选址的区域是一个离散的候选地址的集合，假定在待选区域中有有限多个已经知道位置的候选地址，候选地址的个数比较少。这类模型比较符合现实情况，可以包含一些不可行的区域，但是，由于相关的计算和数据收集成本相当高，一般与其他方法结合使用。离散型选址方法主要应用于设施的详细选址设计问题中。

第五章　仓储管理与库存控制

第一节　仓储与仓储管理

一、仓储概述

(一)仓储的概念

“仓”即仓库,是存放物品的建筑物和场地,可以是房屋建筑、大型容器、洞穴或者特定的场地等,具有存放和保护物品的功能。

“储”表示收存以备使用,具有收存、保管、交付使用的含义,当适用于有形物品时也称为储存。

仓储是利用仓库存放、储存不即时使用的物品的行为。简单来讲,仓储就是在特定的场所储存物品的行为。

(二)仓储的功能

从整个物流过程看,仓储是保证这个过程正常运转的基础环节之一。其功能主要体现在以下几个方面。

1. 储存和保管的功能

这是仓库的最基本的传统功能,因此,仓库应具有必要的空间用于容纳物品。库容量是仓库的基本参数之一。保管过程中应保证物品不丢失、不损坏、不变质,要有完善的保管制度和正确的操作方法,合理运用搬运机具,在搬运和堆放时不能碰坏或压坏物品。

根据所储存货物的特性,仓库里应配有相应的设施设备,以保持储存物品的完好性。例如,水果、鱼肉类仓库要控制其温度,储存精密仪器的仓库应防潮防尘。

2. 调节供需的功能

从生产和消费两方面来看,其连续性的规律都因产品不同而不同。因此,生产节奏和消费节奏不可能完全一致。有的产品生产是均衡的，而消费不是均衡的，如电暖气等季节性商品；相反，有些产品生产节奏有间隔而消费则是连续的，如季节生产但需全年消费的大米。这两种情况都产生了供需不平衡，这就要有仓库的储存作为平衡环节来加以调控，使生产和消费协调起来。

3. 调整价格的功能

生产和消费之间也会产生价格差，供过于求、供不应求都会对价格产生影响，因此，仓储可以克服货物在产销量上的不平衡，达到调控价格的效果。

4. 调节货物运输能力的功能

各种运输工具的运量相差很大，船舶的运力大，海运船只一般是万吨以上，内河船也以百吨或千吨计。火车的运量较小，每节车皮能装 30～60 吨，一列火车的运量多达数千吨。汽车的运量最小，一般每车只有 4～10 吨。在码头和车站进行不同运输方式的转运时，运输能力是很不匹配的，这种运力的差异必须通过仓库或货场将货物短时存放以调节和衔接。

5. 信息传递的功能

在处理与仓库活动有关的各项事务时，需要依靠计算机和互联网来提高仓储物品信息的传输速度及时而准确地了解仓库信息，如仓库利用水平、进出库频率、仓库的运输情况、顾客的需求及仓库人员的配置等，这些都对仓库提出了信息传递功能的要求。

（三）仓库的种类

从不同的侧面来分析，仓库可以有不同的分类标准，概括起来，主要有以下几种分类标准。

1. 根据营运状态分类

自用仓库：各生产或流通企业为了本企业物流业务的需要而修建的附属仓库。这类仓库只储存本企业的原材料、燃料、产品或商品，一般工厂、企业、商店的仓库及部队的后勤仓库多属于这一类。

营业仓库：专门为了经营储运业务而修建的仓库。它面向社会服务或者以一个部门的物流业务为主，并且兼营其他部门的物流业务，例如商业、物资、外贸等系统的储运公司的仓库等。营业仓库由仓库所有人独立经营或由分工的仓库管理部门独立核算经营。

公用仓库:属于公共服务的配套设施,为社会物流服务的公共仓库。例如,铁路车站的货场仓库、港口的码头仓库、公路货场的货栈仓库等。

在我国公共仓库中,最为人们所熟悉的莫过于保税仓库。保税仓库是经海关批准,在海关的监管下,专供存放未办理关税手续而入境或过境货物的场所。也就是说,保税仓库是获得海关许可的,能长期储存外国货物的本国国土上的仓库。它们非常严密地控制所有进出该仓库的产品移动,因为每次移动都必须向政府有关部门报批备案。例如,香烟在还没有缴纳印花税之前,往往需要存放在保税仓库里。于是,厂商往往通过延付税款这种战术,节省资金,也大大降低了其存货价值。

2. 根据保管形态分类

普通仓库:常温下的一般仓库,用于存放一般性物资。对于这类仓库,没有特殊的要求,只要求具有一般通用的库房和堆场。例如,一般的金属材料仓库、机电产品仓库等。

保温仓库:用于储存对湿度、温度等有特殊要求的仓库,包括恒温、恒湿和冷藏库等。例如,用于存放粮食、水果、肉类等的冷库。这类仓库在建筑上要求具有隔热、防寒和密封等功能,并配备专门的设备,如空调、制冷机等。

特种仓库:用来储存危险品的仓库,如石油库、化学危险品库等及专门用于储存粮食的粮仓等。特种仓库的储藏物资单一,保管方法一致,但需要特殊的保管条件。

水上仓库:漂浮在水面的储藏货物的总船、囤船、浮驳或者其他水上建筑,或者在划定水面保管木材的特定水域,沉浸在水下保管物资的水域。近年来,由于国际运输油轮的超大型化,许多港口因水深限制,大型船舶都不能直接进港卸油,往往采用在深水区设立大型水面油库(超大型油轮)作为仓库转驳运油。

3. 按仓库封闭程度分类

封闭式仓库:俗称“库房”。该结构的仓库封闭性强,便于对库存物资进行维护保养,适宜存放保管条件要求比较高的物品。

半封闭式仓库:俗称“货棚”。货棚的保管条件不如库房,但出入库作业比较方便,且建造成本较低,适宜存放那些对温湿度要求不高且出入库频繁的物品。

露天式仓库：俗称“货场”。货场最大的优点是装卸作业极其方便，适宜存放较大型的货物。

(四)仓库系统布局

为了方便客户，节约运输成本，仓库系统布局主要考虑仓库网点和它的客户群的位置关系。仓库布局模式可以分为四种类型：辐射型仓库、吸收型仓库、聚集型仓库和扇形仓库。

1. 辐射型仓库布局

辐射型仓库布局是指仓库位于许多用户的一个居中位置，物品由仓库向各个方向的用户运送，形如辐射状。辐射型仓库适用于用户相对集中的经济区域，这种仓库能够对其辐射范围内的用户进行有效供货和物流服务，而且物流成本低。

2. 吸收型仓库布局

吸收型仓库布局是指仓库位于许多货主的某一居中位置，货物从各个货主向此中心运送，形成吸收布局。这种仓库是一种集货中心，能够有效地将各个货主的货物运输集中到仓库，而且总的物流成本低。

3. 聚集型仓库布局

这种仓库布局类似于吸收型仓库，但处于中心的不是仓库，而是一个客户聚集的经济区域，四周分散的不是货主和用户，而是仓库。这种仓库适用于经济区域中生产企业十分密集，不可能设置若干仓库的情况。客户周围环状分布的仓库群，能够有效地保障客户区客户的物资供应，而且总的物流成本低。

4. 扇形仓库布局

是指产品从仓库向一个方向运送，这种单向辐射称为扇形仓库布局。辐射方向与运输干线上的运动方向一致。这种仓库一般处于运输干线的末端，适宜在运输主干线的运输方向上一定区域范围内的客户的物资供应，这种布局同样能达到服务水平高和物流成本低的目的。

(五)仓库定位

从仓库定位的角度来分，常见的仓库布局方式有三种：以市场定位的仓库、以制造定位的仓库和以中间定位的仓库。

1. 以市场定位的仓库

就是仓库靠近用户区，属于辐射型仓库布局。通常用来向周围客户提供物资供应。其服务的市场区域的地理面积大小取决于被要求送货的响应时间和单位运输成本。以市场定位的仓库一般由零售商、制造商和批发商共同运作或者委托第三方物流公司单独运作。

2. 以制造定位的仓库

就是仓库布置在靠近商品生产区或多家生产企业的地方，属于吸收型布局。它向生产区或多家生产企业提供物资集中储存和外运服务，可以作为各个生产企业的成品库。每个企业可以不设成品库，也不需要自己亲自对外运输产品，产品生产出来以后就直接存放到集运仓库中，再由仓库向市场进行发运。这样，既提高了产品的储存发运效率，降低了物流成本，又有利于企业集中精力发展自己的核心竞争力。

3. 中间定位仓库

中间定位仓库即仓库布置在既不靠近生产区，也不靠近用户区，而是布置在其间某个位置。这个位置通常是交通运输的中转枢纽位置。仓库布置在这个位置，实际上是一种“因势利导”。因为产品从生产区到用户区，必须要经过这个中转点中转，在中转点进行卸货、暂存，再重新组配，分别装运到各个用户区。因此，可在这里设置一个仓库，直接进行货物的集散。这个仓库由于处在交通枢纽位置，道路既通向用户区，又通向生产区，所以为货物的集散提供了极大的方便。

二、仓储管理

（一）仓储管理的概念

仓储管理简单来说就是对仓库及仓库内的货物进行管理，是仓储企业为了充分利用所具有的仓储资源提供高效的仓储服务所进行的计划、组织、人员配备、领导和控制过程。

具体来说，仓储管理主要包括仓储资源的获得、仓储商务、进出库作业、货物的保管保养、库存控制及安全管理等一系列管理工作。

(二)仓储管理的内容

仓储管理的定义指明了其所管理的对象是一切库存物资，管理的手段既有经济的，又有技术的，具体包括以下几个方面。

一是仓库的选址与建筑问题。例如：仓库的选址原则，仓库建筑面积的确定，库内运输道路与作业的布置等。

二是仓库机械作业的选择与配置问题。例如：如何根据仓库作业的特点和所储存物资的种类及其理化特性，选择机械装备及应配备的数量，如何对这些机械进行管理等。

三是仓库的业务管理问题。例如：如何组织物资入库前的验收，如何存放入库物资，如何对在库物资进行保养保管、发放出库等。

四是仓库的库存管理问题。例如：如何根据企业生产需求状况，储存合理数量的物资，既不因为储存过少引起生产中断造成损失，又不因为储存过多占用过多的流动资金等。

此外，仓库业务考核问题，新技术、新方法在仓储管理中的运用问题，仓库安全与消防问题等，都是仓储管理所涉及的内容。

(三)仓储管理的目标

仓储管理的目标可以概括为使仓库空间利用与库存货品处置成本之间实现平衡，具体表现在以下几个方面。

一是空间利用率最大化。

二是人员及设备的有效使用。

三是所有货品都能随时存取。

四是货品的有效移动。

五是保证货品的品质。

六是良好的管理。

(四)仓储保管的作业原则

仓储保管是一个综合复杂的过程，如何使保管合理化，保证保管的质量，提高保管效率，是物流研究的一个非常重要的内容。一般认为仓储保管必须遵循保证质量、讲究科学、提高效益、预防为主等原则。具体到仓储保管中，可以概括为以下原则。

1. 面向通道原则

为使货物出入库方便，也便于管理者上架存放和取出物品，货物的码放和货架的朝向都应面对通道。

2. 高层堆码原则

为了有效利用仓储容积，提高仓库利用率，应尽可能将货物向高处码放。遵循这一原则必须考虑货物的重量、包装的抗压能力及仓储地面的承受能力，一般为了保证安全，应尽可能采用货架保管货物。

3. 先入先出原则

为了防止货物因保管时间过长而导致变质、破损、老化、腐烂等，应遵循先入库货物先出库的原则，加快库存的周转。

4. 回转对应原则

根据货物出库的频率选定在仓库中的存储位置。

将出货和进货频率高的物品（如易耗品、原材料等）放在靠近仓储出入口处，以便于作业。

流动性较差的物品（如耐用品）等放在距离仓储出入口稍远的地方。

季节性物品依据季节特性来选定放置的场所，如电风扇等夏季用品在春夏两季放在离仓储出入口较近的位置，而在秋冬季就可以与电暖气交换位置，放在离仓储出入口较远的位置。

5. 同一性原则

为了提高仓储作业的效率和保管的便利，相同品种的货物尽可能放在同一仓库、同一区域保管。由于管理人员熟悉物品位置，可以缩短出入库时间，提高效率。

6. 类似性原则

将类似物品放在相邻的地方进行保管，便于货物的准确分类，从而提高保管效益，如日用品应尽量放在一个库内或者相邻库内。

7. 重量特性原则

根据物品重量不同安排保管的不同位置，一般是将重的货物放在下边，轻的货物放在上边；还可以根据货物重量的特性，选择货物存放的高度，较轻的货物存放在人体腰部以上最方便拿取。

8. 形状特性原则

依据形状安排货物的码放方式，一般标准的形状可以向高空码放，非标准形状的货物，要根据具体的形状决定码放方式。

9. 位置标识原则

为了便于货物的查找，提高出入库效率，存放货物的场所需要有明确的标识。国外常采用不同颜色进行标识，有序放置和有效区分，以灵活利用不同货架货仓的位置。

10. 关联性原则

根据货物出入库记录，预测出入库货物的关联性，将相关联的货物存放在邻近的区域内。在仓储保管中除了遵循上述原则外，还必须根据货物的特点及本身的物理化学性质，确定保管的方法和采取的保养手段。

三、仓储作业管理

仓储作业是完成仓库物资入库、储存、出库及流通加工等不可缺少的手段。因此，仓储作业管理是仓储管理的一个非常重要的内容。

整个仓储作业基本包括进货入库、储存保管、盘点和出库四个阶段。四个阶段互相衔接，共同实现仓库的所有功能。商品入库是前提，出库是目的。商品入库是仓储作业的开始，是商品储存保管工作的条件；商品出库是仓储作业的结束，是商品储存保管工作的完成，是仓储目的的实现；而储存保管是为了保持商品的使用价值不变，将供需衔接起来。具体的流程如下。

(一)入库作业

商品入库一般经过接运、验收两个过程。

接运是从供应商或运输商手中接收货物的过程。交接完毕后,货物正式放入仓库中。接运的主要任务是确定清收货物的数量和质量,做好记录,办好交接手续。

接运到的货物要做卸载、分类、点验(数量和质量)、签发入库凭证、入库堆码、登记入账等一系列作业。

(二)储存保管作业

物资入库完毕,就进入了物资保管阶段。物资保管最主要的工作就是要维持储存物资的使用价值不发生变化。因此,要弄清物资产生数量或质量变化的原因,对症下药,采取合适的应对保管措施。

在储存保管过程中,维护保养是经常性的工作,主要包括温度和湿度的调节控制、通风、去潮、去湿、去污染、清洁卫生、防虫、防暑、防盗、防火、货架维护等。其目的是维持合适的保管条件和保管安全,维持被保管物资的使用价值。对已经发生变化损坏的物资,要采取各种救治措施,如除锈、破损修复、晾晒等,防止损失的扩大。

(三)盘点作业

盘点,也就是盘存清点,是指为确定仓库内或其他场所现存物料的实际数量而对物料的现存数量加以清点。这是一项日常工作,主要检查账务与实物是否相符。当发现账务与实物不符时,要查明原因,进行账务调整,补充单据,盘亏赔偿损失。

(四)出库作业

仓库在接到出货单位的出货通知后,应立即做好出库前的准备工作,包括人员、装卸搬运设备的准备及理货场地的准备等。只有做好各方面的准备工作,才能加快货物的出库发送速度,避免出现差错,提高货物的出库工作效率。

出库作业要根据业务部门开出的物资出库凭证,按其所列的物资编号、名称、规格、数量等项目组织商品出库。要对商品的出库凭证进行审核,根据单据上所列的各项,对照登记商品保管账,按出库凭证进行配货,并将配好的出库商品集中到理货场所复核,如无错误,由仓库发货人员按单将商品交付给提货或承运人员,办清交接,然后包装、发运,最后还要清理场地。

第二节 库存与库存管理

一、库存概述

(一)库存的概念及形态

1.库存的概念

根据中华人民共和国国家标准《物流术语》的定义,库存是指储存作为今后按预定的目的使用而处于闲置或非生产状态的物品。广义的库存还包括处于制造加工状态和运输状态的物品。

2.库存的形态

库存的形态包括原材料、外购件、在制品、成品、物资批发部门库存等。

显而易见,图5-1中处于左侧的库存成本低,处于右侧的库存成本高。这是由于处于左方的库存,未经加工或只有少量加工,因而成本较低;随着生产过程的进行,库存逐渐向右方移动,加工量逐渐增加,因而库存成本也逐步增加。

从库存的形态还可以看到,处于图左的库存通用性大,处于图右的库存特殊性较强。

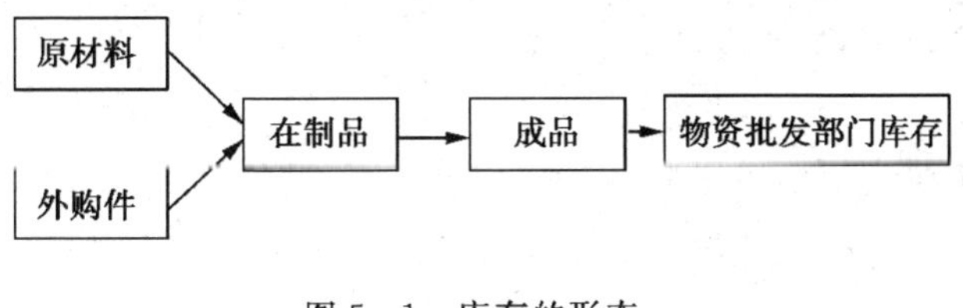

图5-1 库存的形态

(二)库存的利弊

1.库存的作用

一是缩短订货提前期。当制造厂维持一定量的成品库存时,顾客就可以很快采购到他们所需的物资,这样就缩短了顾客的订货提前期,加快了社会生产的速度，也使供应商争取到了顾客。

二是稳定生产和需求。在竞争激烈的社会环境中，外部需求的不稳定性是经常现象，而生产的均衡又是企业内部组织生产的客观要求，外部需求的不稳定性与内部生产的均衡性是矛盾的。要保证满足需求方的要求，又要使供给方的生产均衡，就需要维持一定量的成品库存。成品库存将外部需求与内部生产分开，就像水池一样起着稳定的作用。

三是防止物资短缺。维持一定量的库存可以防止物资短缺。为了应付各种突发事件，一个企业必须要有一定的库存物资。

四是防止生产中断。在生产过程中维持一定量的在制品库存，可以防止生产中断。例如，当某道工序的加工设备发生故障时，如果工序间有在制品库存，其后续工序就不会中断。

五是降低运输成本。实施整车运输，降低运输成本，达到运输的规模效益。

2. 库存的弊端

库存的存在，意味着资源闲置，造成浪费，并增加了企业的开支，给企业带来较大的经济负担。库存的弊端主要表现在以下几方面。

第一，库存造成资金积压，引起资金周转困难。

第二，库存使预期投资利润受到损失。

第三，由于有的物资会过时、陈腐，因而加大了库存积压品的损失风险。

第四，库存产品有时减价销售，从而降低利润。

第五，库存占用了建筑物的使用空间。

第六，库存使费用增加。

二、库存管理

（一）库存管理的概念

库存管理也称为库存控制，是指对制造业或服务生产、经营全过程的各种物品、产成品及其他资源进行管理和控制，使其储备保持在经济合理的水平上，是企业根据外界对库存的要求和订购的特点，预测、计划和执行一种库存的行为，并对这种行为进行控制。过去认为仓库里的商品多，表明企业发达、兴隆，现在则认为零库存是最好的库存管理。库存多，占用资金多，利息负担加重。然而，如果过分降低库存,则会加大短缺成本,造成货源短缺。

(二)库存管理的目标

库存管理的总目标有两个:一是保障供应,二是降低成本。

首先是保障供应、不缺货。仓库的根本任务,就是能够满足需求者的需求。在生产企业,仓库是为生产服务的。生产线一开,就需要原材料、零部件、设备和工具等。而且生产企业的生产线是要长年持续运转的,哪一个时刻如果没有了物资供应,生产线就要停止,这将会给企业造成巨大损失。

要做到保障供应,就应尽可能地增加仓库里的库存物资,减少缺货。然而,这就必然需要占用很多库存资金,需要大的仓库,需要保管维护,增加保管费用,从而增加经营成本,给企业造成较大的负担。

库存管理不善会导致库存不足或过剩。库存不足将错失销售机会,失去销售额,致使顾客不满,产生生产“瓶颈”;而库存过剩则不必要地占用了更多的资金,这些资金如果用在其他地方会有更高的效益。尽管库存过剩的危害看上去比较小,但附着在大量过剩库存上的价值令人瞠目结舌,当库存持有成本较高时,容易导致局面失控。

因此,企业既要防止缺货,避免库存不足,又要防止库存过量,避免造成大量不必要的库存费用。在二者之间寻求最佳的平衡是非常重要的。

(三)库存管理名词

库存管理有一些名词及与之相对应的符号,为方便后面的学习,现做以下解释。

1. 需求量 D

需求量 D 是指用户到仓库来提货的数量,有时称作需求率,指单位时间的需求量。对于制造厂商来说,有时也称为消耗量或者消耗率。

2. 订货量 Q

订货量 Q 是指企业根据需求,为补充某种物资的库存量而向供货厂商一次订货或采购的数量。

3. 订货间隔期 T

订货间隔期 T 是指两次订货的时间间隔或订货合同中规定的两次进货之间的时间。

4. 订货提前期 L_2

订货提前期 L_2 是指从发现库存量已经下降到规定水平或以下，开始进行补充订货或采购之时算起，直到物资进入仓库验收为止的一段时间。只能是正值。

5. 到货延迟期 L_1

到货延迟期 L_1 是指物资实际到货时间比合同规定到货时间延迟的时间。可以是正值也可以是负值，代表迟到或者早到。

6. 订货提前期需求量 D_{L2}

订货提前期需求量 D_{L2} 是一个联合变量，也就是 $D\times L_2$。

7. 两次到货期间需求量 $D_{(T+L_1)}$

两次到货期间需求量 $D_{(T+L_1)}$ 中两次到货之间的时间应为合同规定的间隔期 T 加上实际到货延迟期 L_1。也是一个联合变量，即 $D\times(T+L_1)$。

8. 在库库存量

在库库存量是指已验收入库、库内现有的库存量。

9. 在途库存量

在途库存量是指已经订货，但尚未到达与验收入库的一种虚拟库存量。

10. 名义库存量

名义库存量是在库库存量与在途库存量之和。

11. 安全库存量 S

由于需求量 D 订货提前期 L_2 或订货间隔期 T 都是随机变量，因此，某一订货提前期需求量 D_{L2} 或某两次到货期间需求量 $D_{(T+L_1)}$ 也是随机变量，它们可能超过平均值。为了预防和减少这部分不可预知的、可能突然发生的增量所造成的缺货机会,就必须有一部分储备,这部分储备称为安全库存量。

12. 存储成本

存储成本又称为持有成本,是指存货在储存过程中发生的费用。存储成本包括货物占用资金应付的利息、货物损坏变质的支出、仓库折旧费、维修费、仓储费、保险费、仓库保管人员工资等费用。

13. 订货成本

订货成本是指订货过程中发生的与订货有关的全部费用,包括办公费、差旅费、订货手续费、通信费、招待费及订货人员的有关费用。一般来说,订货成本与订货量的多少无关,而与订货次数有关。要降低订货成本,就需减少订货次数。

14. 缺货成本

缺货成本是指当存储供不应求时引起的损失,如失去销售机会的损失、停工待料的损失、临时采购造成的额外费用及延期交货不能履行合同而缴纳的罚款等。从缺货损失的角度考虑,存储量越大,缺货的可能性越小,缺货成本也就越少。

15. 服务水平

服务水平一般用供应量占需求量的百分比大小来衡量,即:

$$服务水平=\frac{供应量}{需求量}\times 100\%=\frac{供应量}{供应量+缺货量}\times 100\%$$

第三节 库存控制方法

一、ABC 分类法

(一)ABC 分类法的基本思想

一般来说,企业的库存物资种类繁多,每个品种的价格不同,数量也不等,有的物资品种不多但是价值很大，而有的物资品种很多但价值不高。由于企业的资源有限，对所有库存品种均给予相同程度的重视和管理是不可能的，也是不切实际的。为了使有限的时间、资金、人力、物力等能得到更有效的利用，应对库存物资进行分类，将管理的重点放在重要的物资上，并依据重要程度的不同，分别进行不同的管理，这就是ABC分类方法的基本思想。

(二)ABC分类法的概念

ABC分类法(activity based classification)，又称为帕累托法，是存储管理常用的分析方法。1951年，美国的H.f.迪克电器公司首先在库存管理中倡导和应用ABC分类管理法，将ABC分类法引入库存管理就形成了ABC库存分类管理法。

ABC管理法，就是以某类库存物资品种数占物资品种数的百分数和该类物资金额占库存物资总金额的百分数大小为标准，将库存物资分为A、B、C三类，进行分级管理。

这种方法是根据库存商品在一定时期内的价值、重要性及保管的特殊性，通过对所有库存商品进行统计、综合，按大小顺序排列、分类，找出主要矛盾，然后抓住重点进行管理的一种科学有效的库存控制方法。

(三)ABC分类的依据

ABC的分类标准如下。

第一，品种少、占用资金多的重要商品归为A类。

第二，品种较多、占用资金一般的商品归为B类。

第三，品种多、占用资金少的次要商品归为C类。

各类物资品种和资金所占比例关系如表5-1所示。

表5-1 ABC分类标准

分类	品种占用累计百分比	资金占用累计百分比
A	5%～20%	60%～80%
B	20%～30	20%～30%
C	60%～80%	5%

(四)ABC 分类法的实施步骤

1. 收集数据

根据分析要求和分析的内容,收集分析对象的有关数据。例如,要对库存商品占用资金的情况进行分析,则可以收集各类库存商品的数量、销售价格等数据。

2. 处理数据

将第一步中收集到的数据资料进行汇总、整理,对储存物资按其价值量的大小进行排序。一般来说,平均资金占用额=平均库存×单价。

3. 绘制 ABC 分类表

ABC 分析表由 9 栏构成,每栏所需填入数据如表 5-2 所示。

表 5-2　ABC 分类

物品名称	品目数累计	品目累计百分数	物品单价	平均库存	平均资金占用额	平均资金占用额	累计平均资金占用额累计百分数	分类结果
①	②	③	④	⑤	⑥=④×⑤	⑦	⑧	⑨

填写表格时要注意,物品的数据条目应按照该项物品价值量的大小从大到小进行排序,这样排序的目的是便于我们区分主要与次要的物品类别。

4. 分类

根据 ABC 分类表中第 3 栏(品目累计百分数)和第 8 栏(平均资金占用额累计百分数),进行 A、B、C 三类商品的分类。

5. 绘制 ABC 分类管理图

以品目累计百分数为横坐标,以平均资金占用额累计百分数为纵坐标,按 ABC 分类栏中第 3 栏和第 8 栏提供的数据,在直角坐标图上取对应点,联结各点的曲线,即为 ABC 分类曲线。

6. ABC 分类管理的措施

用上述方法分出 A、B、C 类货物之后,就应根据企业的经营策略对不同类别的库存物资进行不同的管理。

①A 类物资的管理

第一,尽可能正确地预测需求量。根据历史资料和市场供求的变化规律,认真预测未来货物的需求变化,并依此组织入库货源。

第二,缩短订货提前期。多方了解货物供应市场的变化,与供应商协调,尽可能地缩短订货提前期。

第三,力求出货量平稳。控制货物的消耗规律,尽量减少出库量的波动,降低安全库存量。

第四,合理增加采购次数,降低采购批量。

第五,货品放到易于出入库的位置。

第六,货物包装尽可能标准化,以提高仓库利用率。

第七,必须严格执行盘点,每天或每周盘点一次,以提高库存精确度。

②C 类物资的管理

对 C 类物资要放宽控制或只作一般控制,采用较高的安全库存,减少订货次数。由于品种繁多复杂,资金占用又小,如果订货次数过于频繁,不仅工作量大,而且从经济效益上考虑也没有必要。

③B 类物资的管理

此类物资介于 A 和 C 之间,因此,对 B 类物资的管理也介于 A、C 类物资的管理方法之间。在采购中,订货数量可适当照顾到供应企业的利益,有利于供方确定合理的生产批量及选择合理的运输方式。

二、库存控制的类型

一般来说,库存控制的方法可以分为定量订货法和定期订货法两种。根据它们的需求速率和订货提前期的已知情况,每种方法又分为确定型和概率型。总的说来,库存控制模型可以概括为 20 种,下面对几种比较典型的模型进行具体分析。

(一)定量订货法

定量订货法是指当库存量下降到预定的最低库存量(订货点)时,按规定数量进行订货补充的一种库存决策方法。

定量订货法的基本原理是预先确定一个订货点,在仓库管理中连续不断地监控库存水平，当库存水平降低至订货点时，发出订货通知，执行订货任务。采购的物品到达时，库存品的数量得到补充。

利用定量订货法进行库存控制，必须连续不断地检查库存物品的库存数量，所以这种方法有时也称为连续库存检查控制法。

1. 定量订货法的参数

在实际应用中，定量订货法需要确定三个参数的值。

一是订货点——解决什么时候订货的问题。

二是订货批量——解决一次订货多少的问题。

三是安全库存量。

2. 确定型定量订货法

确定型定量订货法是指企业对物品的需求量和订货提前期是确定和已知的。这种情况下，企业可以不设置安全库存。

由于企业每年物品的需求量一定，每次订货数量越大，订货的间隔时间就越长，订货次数就越少，订购成本就越低。但是，订货数量越大，储存成本就越高。订购成本与储存成本构成了效益背反的关系。研究表明，只有在订购成本等于储存成本的时候，储存总成本最低。此时：

$$Q^{*}=\sqrt{\frac{2DH}{C}}=\sqrt{\frac{2DH}{PF}}$$

式中：Q^{*}——经济订货批量；

D——商品年需求量；

H——每次订货成本；

P——单位商品的购入成本；

F——物品的储存成本率；

C——单位商品储存成本（$C=PF$）。

注意：D 可以代表任一时期的需求量，并不要求必须是年需求量，只要 D 与 C、F 所表示的时间段一致就可以了。

例：某公司 2018 年 A 物料的年需求量为 110 件，每次订购费为 45 元，每月每单位的储存成本为 15%，该物料的单位成本为 10 元，企业物料净需求时段分配如表 5－3 所示。试计算该物料的经济订货批量和计划订购方式。

表 5-3 物资需求

月	1	2	3	4	5	6	7	8	9	10	11	12	合计
净需求		10	10		14		7	12	30	7	15	5	110

解：

月均需求量为 110/12≈9(件)

$$Q^* = \sqrt{\frac{2DH}{C}} = \sqrt{\frac{2 \times 9 \times 45}{10 \times 15\%}} = 23.24(\text{件})$$

经济订货批量为 23 件。根据该公司物料需求情况，将订购计划编制如表 5-4 所示，可以使企业的库存成本最低。

表 5-4 企业采购计划

月	1	2	3	4	5	6	7	8	9	10	11	12	合计
净需求		10	10		14		7	12	30	7	15	5	110
计划采购		23			23			23	23		23		115

3. 概率型定量订货法

概率型定量订货法是指企业对物品的需求量和订货提前期是不确定和未知的。在这种情况下，企业很难保证不发生缺货现象，为了防止发生缺货，就必须保持保险储备，即安全库存。

安全库存对企业的影响是双向的：一方面，它可以防止发生缺货，降低缺货成本，提高顾客服务水平；另一方面，它又提高了企业的库存水平，增加了企业的储存成本，因此必须确定一个合理的安全库存量。

以下将介绍几种不同的情况来确定安全库存量。

(1)需求随机，提前期为常数

由于市场上各个产品所面向的顾客群的不同、顾客喜好的不同、使顾客得到的满足不同、行业性质不同、竞争状况各异等因素，不同的产品拥有不同的需求水平，且分布的形式也不尽相同，但都呈现出波动的趋势。

假设单位时间内的产品市场需求服从均值为 d，标准差为 σ 的正态分布，订货提前期为 L_2，各个时期的市场需求是相互独立的。当 M 为提前期内需求均值，标准差 σ_M 为时，则根据正态分布的性质，有：

$$M = L_2 \times d$$

$$\sigma_M = \sqrt{L_2 \times \sigma^2}$$

$$S = z \times \sigma_M = z \times \sigma \times \sqrt{L_2}$$

式中：z——一定顾客服务水平下需求变化的安全系数；

S——安全库存。

(2)需求确定，提前期随机

当市场的需求相对稳定，而由于供应商的技术水平、设备故障、运输等原因导致提前期变化不稳定，出现波动的趋势。此时，为了能够满足提前期内的客户订单，就需要通过设置安全库存进行缓冲，满足客户需求。

假设提前期服从均值为 L_2、标准差为 σ_{L2} 的正态分布，而市场的需求是稳定的，单位时间内的需求量为 d，则安全库存的设置是为了应对由于一些突发状况引起的提前期延长的市场需求。对于此种情形，在某一特定的服务水平下安全库存的计算公式为：

$$S = z \times \sigma_M = z \times d \times \sigma_{L2}$$

例：已知 A 公司的某产品的市场需求是稳定的，每天为 120 个单位，该产品的订货提前期服从正态分布，其平均值为 5 天，标准差为 3 天。当服务水平为 98%时，求安全库存和再订购点。

解：根据题意，有：

$d=120$，提前期均值 $L_2=5$，标准差 $\sigma_{L2}=3$。查表得 98%的服务水平对应的安全系数为 2.05，则：

$$S = 2.05 \times 120 \times 3 = 738 \text{ 个单位}$$

$$B = d \times L_2 + S = 120 \times 5 + 738 = 1388 \text{ 个单位}$$

(3)需求与提前期均随机

假设需求和提前期均服从正态分布，其中需求均值为 d，标准差为 σ；提前期均值为 L_2，标准差为 σ。当 M 表示提前期内需求均值，标准差 σ_M 为时，安全库存可以表示为：

$$S = z \times \sigma_M = z \times \sqrt{\sigma^2 L_2 + \delta^2 d^2}$$

(二)定期订货法

定期订货法是预先确定一个订货周期和一个最高库存量水准，然后以规定的订货周期为周期，周期性地检查库存，发出订货，订货批量的大小每次都不一定相同。

由于定期订货法是按固定的订货周期检查库存，以每次实际盘存的库存量与预定的最高库存量之差作为每次的订货量，因此，只有到达订货时间才检查库存，没有到达订货时间不检查库存。在检查库存时就是确定最高库存量与实际库存量的差，以此作为再次订货的数量。

在确定型定期订货中，物品的需求量和订货提前期是确定和已知的，这种情况下，企业可以通过自己的有效计划和管理，在不保有安全库存的前提下，以最低的成本，满足企业的需求。

确定型定期订货法中的相关参数表示为：

经济订货间隔时间：

$$T=\sqrt{\frac{2H}{DC}}=\sqrt{\frac{2H}{DPF}}$$

最高库存水平：

$$E=D(T+L_2)$$

例：某仓库每年需要购进单价为 10 元的某商品 10 000 件，每次订购成本为 18 元，每单位商品的年储存成本为 4 元。如果订货提前期为 9 天。问经济订货间隔时间、最高库存水平分别是多少？

解：

$$T=\sqrt{\frac{2H}{DC}}=\sqrt{\frac{2H}{DPF}}=\sqrt{\frac{2\times 18}{10000\times 4}}=0.03(\text{年})\approx 11(\text{天})$$

$$E=D(T+L_2)=10\ 000\times(0.03+9/365)\approx 547(\text{件})$$

（三）定量订货法与定期订货法的区别

定量订货法和定期订货法不同，它们的主要区别如下。

1. 提出订购请求时点的标准不同

定量订购法提出订购请求的时点标准是，当库存量下降到预定的订货点时，即提出订购请求；而定期订购法提出订购请求的时点标准则是，按预先规定的订货间隔周期，到了该订货的时点即提出请求订购。

2. 请求订购的商品批量不同

定量订购法每次请购商品的批量相同，都是事先确定的经济批量；而定期订购法每次订购的商品批量不一定相同，要根据库存的实际情况计算后确定。

3. 库存商品管理控制的程度不同

定量订购法要求仓库作业人员对库存商品进行严格的控制，精心的管理，经常检查、详细记录、认真盘点；而用定期订购法时，对库存商品只要进行一般的管理，简单的记录，只在达到订货时间时才检查库存，确定库存的剩余量，不需要经常检查和盘点。

4. 适用的商品范围不同

定量订购法适用于品种数量少，平均占用资金大的、需重点管理的 A 类商品；而定期订购法适用于品种数量大、平均占用资金少的、只需一般管理的 B 类、C 类商品。

关于 3 和 4 的争论，解释如下。

因为定量订货方式需要每次订货的时候，检查库存是否减少到了订货点，因此，需要经常了解和掌握库存的动态，也就是经常进行检查和盘点，正因如此，定量订货方式的工作量大且花费大量时间，如果对于每种商品都经常进行检查盘点，就会增加库存保管成本，因此这种方式适合于少量的重要商品，即 A 类商品，而定期订货法则反之。

三、零库存技术

（一）零库存的概念。

零库存技术（zero-inventory logistics）是指在生产与流通领域按照 JIT（just in time）方式组织物品供应，使整个过程库存最小化的技术的总称。

零库存是对某个具体企业、具体商店、车间而言，是在有充分社会储备保障前提下的一种特殊形式，零库存不是广义的概念而是一个具体的概念，虽然现代科学技术和管理技术可以把零库存的控制区域从一个车间延伸到一个工厂再延伸到相关的社会流通系统，但是在整个社会再生产的全过程中，零库存只能是一种理想，而不可能成为现实。没有设备储备的保障，没有供大于求的经济环境，微观经济领域的零库存是很难实现的。

零库存技术并非单纯地从数量上使得库存为零。由于物流系统中广泛存在着效益背反现象，单纯降低企业的库存，可能会引起企业运输成本的大量增加，二者不可能同时降低到最小值。但是，物流对于企业的意义，并不是某一个方面或者环节的成本压缩，而是整体资源的最优化，因此，明智的做法是在运输成本和库存成本间找到一个平衡点，而非盲目地压缩库存。所以，零库存技术只是一种理念，并不是把企业库存绝对地降低为零，而是相对尽可能地降低。

零库存技术也不是把企业的库存推到企业之外去完成，JIT 的最终目的是在整个供应链中实现零库存。这样，才能使企业在现代竞争中的总成本最低。

（二）实施零库存技术的方法

有了零库存理论，实施零库存的技术就容易掌握了。企业可以根据自身实际，采取有效的方法来降低库存，可以从以下方面入手。

1. 借助于 JIT 生产的零库存技术

来源于丰田汽车公司的 JIT 生产，由于使用了需求拉动的思想，采用“看板供应”技术，使企业供应链的上一环节的商品数量、品种和时间由下一个环节的商品数量、品种和时间决定。保证在供应链的每一个环节不会出现物品的过多生产和库存。

要实现 JIT，要求物流部门加强与供应商的协调与联系，准确把握生产现场的物流时间与物流量的变化趋势，准确及时地将物品送到生产现场。

事实上，把需求拉动的思想应用于企业的生产和库存管理中，就可以使库存尽可能地降低。如戴尔公司，根据客户的订单进行生产，使企业的零部件、产成品在各个环节都降到尽可能低的水平，企业在低成本下运作，提高了企业的竞争力。

2. 虚拟库存

虚拟库存不是实实在在的库存，而是充分利用信息系统。在互联网环境下，各个客户、物流中心、供应商等通过信息系统，相互形成虚拟库存，在缺货时由其他存储点的库存来进行交叉履行，生成交叉履行订单，这可以帮助降低整体库存水平和提高各存储点的订单履行率。利用这种库存方法，可以使企业避免库存风险，降低物流成本，提高企业效益和效率。

3. 越库供应

传统的仓库进行货物供应的一般流程是：采购货物—入库储存—分拣备货—配装送货，在这个环节中，物品都在本企业的仓库中进行了中转。越库供应是一套高效的供应运作体系，它打破了这一传统的运作方式，把采购的物品不经过本企业的仓库，直接供应给下一个环节，即采购—送货。这样，供应环节减少了，仓库面积减少了，提高了仓库的运作效率，减少了储存、分拣次数，库存周转率加快了。如果商品每次进出量很大的话，越库作业对于库存成本的降低是很可观的。也就是说，越库作业就是实现商品从收到发的直接转移，通过很少或者几乎没有的库存占用实现商品的交付。如快速消费品，由于其周转快、批量大、商品价值低、对商品新鲜度要求高等特性，使得越库作业技术在快速消费品行业中被广泛应用。

第四节 供应链环境下的库存管理

一、供应链管理中的库存问题

在供应链系统中，库存以原材料、半成品、成品、在制品、在途品存在于供应链的各个环节，传统的库存管理注重于优化单一企业的库存成本，但是在供应链系统中，这种传统的库存管理方式显然不能使供应链系统中的库存水平最优。

(一)三类基本问题

在供应链系统中主要包括信息沟通问题、供应链运作问题、供应链结构问题三类基本问题。具体来说包括供应链各节点企业在确定经营策略时的全局意识；供应链各企业整体的运行效率评价和管理问题；信息在供应链各成员间交流的效率；不确定性和库存的平衡关系；库存管理策略对实际情况的适应性等问题；供应链各企业间的合作协调；产品设计与供应链库存之间的关系问题等。

(二)供应链中的需求变异加速放大

即牛鞭效应。当供应链中的企业根据下游企业的需求量来确定其生产决策时，需求信息的不确定性就会沿着供应链逆流而上，而其不确定性会逐级放大，达到最上游的供应商时，其需求的变异系数远大于位于供应链下游的经销商和零售商。传统的库存管理模式不能解决需求变异放大的问题。

(三)供应链不确定性与库存的关系

供应链的不确定性包括企业之间、部门之间的衔接不确定性和企业内部的运作不确定性。加强供应链各企业间的信息共享是降低不确定性的重要手段,具体来说,由于企业间的信息共享,使得企业间信息不对称问题得以减少,企业在需求相对稳定的情况下,就可以大大降低库存水平。

二、供应链中的库存管理策略

(一)供应商管理库存(VMI)

1. 供应商管理库存的概念和基本思想

VMI 系统本质上是用户和供应商之间的合作性策略。在一般情况下,供应商为了适应不可预测的需求变化,需要建立库存,用户也需要建立库存来应付其内部需求和供应链的不确定性,这种行为实际上导致了重复库存的问题,同时由于变异放大原理,需求信息在供应链中会被进一步扭曲。在 VMI 模式下,以双方成本最低为目标,在双方相互同意的框架下,由供应商来管理库存,同时这个协作框架被不断监督和修正,从而保证该库存管理策略的持续改进。

VMI 的核心思想在于零售商存放商品库存控制权,而由上游制造商掌握库存,由供应商依据零售商提供的每日商品销售资料和库存情况来集中管理库存,替零售商下订单或连续补货。制造商虽然担任的工作比传统模式更多、更复杂了,但是通过将分销商的库存纳入自己的管理范围,制造商可以间接地了解需求信息,而不是根据订单进行供给。

2. 供应商管理库存的优势

供应商管理库存的模式不仅可以降低供应链的库存水平,而且可以为用户提供更高水平的服务,使双方达到双赢。具体地说,实施供应商管理库存具有以下优点。

首先,供应商拥有库存,对于零售商来说,可以省去多余的订货部门,使人工任务自动化,可以从过程中去除不必要的控制步骤,使库存成本更低,服务水平更高。

其次,供应商拥有库存,供应商会对库存考虑更多,并尽可能进行更为有效的管理,通过协调多个零售生产与配送,进一步降低总成本。

最后,供应商能按照销售时点的数据,对需求做出预测,减少预测的不确定性,从而减少安全库存量,同时,供应商能更快响应用户需求,提高服务水平,使用户的库存水平也降低。

供应商管理库存虽然拥有众多的优点,但在其实施过程中,供应商和用户之间必须相互信任、密切合作,遵循互惠互利的原则,在共同目标指导下,明确自己的责任,精心设计与开发供应商管理库存系统。只有这样,才能有效地降低供应链的库存水平和成本,改善资金流,并为用户提供高水平的服务。

3. 实施 VMI 需要注意的问题

一是信任问题。VMI 需要合作双方相互信任,零售商要信任供应商,不要干预供应商对发货的监控,供应商也要多做工作,使零售商相信它们不仅能管好自己的库存,也能管好零售商的库存。

二是技术问题。只有采用先进的信息技术,才能保证数据传递的及时性和准确性,而这些技术往往价格昂贵,利用 EDI 技术将 POS 信息和配送信息分别传输给供应商和零售商,利用条形码技术和扫描技术来确保数据的准确性。

三是存货所有权问题。在确定由谁来进行补充库存的决策以前,零售商收到货物时,所有权也同时转移了,现在变为寄售关系,供应商拥有库存直到货物被售出。同时,由于供应商管理责任增大,成本增加了,双方要对条款进行洽谈,使零售商与供应商共享系统整体库存下降。

四是资金支付问题。过去,零售商通常在收到货物 1～3 个月以后才支付货款,现在可能不得不在货物售出后就要支付货款,付款期限缩短了,零售商要适应这种变化。

(二)联合库存管理

1. 联合库存管理的基本思想

联合库存管理是在供应商管理库存的基础上发展起来的,它能够克服 VMI 系统的局限性和规避传统库存控制中的“牛鞭效应”,强调供应链中各个节点同时参与,共同制定库存计划,每个库存管理者都从相互之间的协调性考虑,任何相邻节点需求的确定都是供需双方协调的结果,这就保证了供应链中各节点之间的库存与需求预期保持一致，提高了供应链的同步化程度，从而部分消除了由于供应链环节之间的不确定性和需求信息扭曲现象导致的供应链的库存波动，消除了需求变异放大现象。联合库存管理强调供应链中各企业之间的互利合作，上游企业和下游企业权利责任平衡和风险共担，体现了战略联盟的新型合作关系。

2.联合库存管理的优势

一是信息优势。联合库存管理通过在上下游企业之间建立起一种战略性的合作伙伴关系，实现了企业间库存管理上的信息共享。这样既保证供应链上游企业及时准确地获得市场需求信息，又可以使各个企业的活动都围绕着客户需求开展。

二是成本优势。联合库存管理实现了从分销商到制造商到供应商之间的库存管理一体化，实现了准时制采购（在恰当的时间、恰当的地点，以恰当的数量和质量采购恰当的物品）。它不仅实现了库存的减少，而且加快了库存周转速度，缩短了订货和交货提前期，降低了企业的采购成本。

三是物流优势。联合库存管理打破了各自为政的传统供应链库存管理局面，它强调各方协同合作，共同制定库存计划，共同分担风险，有效地消除库存过高和“牛鞭效应”。

四是战略联盟的优势。联合库存管理的实施以各方充分信任与合作为基础，只有分销商、制造商和供应商协同一致行动，才能真正实施联合库存管理。此外，联合库存管理的有效实施也加强了企业间的联系与合作，充分体现出战略联盟的整体竞争优势。

3.联合库存管理模式

一种是各个供应商的零部件都直接存入核心企业原材料库的集中库存。其重点在于核心企业根据生产的需要，保持合理的库存量，既能满足需要，又要使库存总成本最小。

另一种是无库存模式。供应商和核心企业都不设立库存，供应商直接在核心企业的生产线上进行连续小批量多频次的补充货物，并与之实行同步生产、同步供货，从而实现“在需要的时候把所需要品种和数量的原材料送到需要的地点”的准时制供货模式。由于完全取消了库存，所以效率最高，成本最低，但对供应商和核心企业的运作标准化、配合程度、协作精神和操作过程要求严格，而且二者的空间距离不能太远。

（三）多级库存优化

联合库存管理是供应链中单级的局部优化管理模式，而多级库存优化是全局性的库存管理优化模式，强调供应链资源的全局优化。多级库存管理有非中心化（分布式）策略和中心化（集中式）策略。

非中心化策略是各库存点独立地采取各自的库存策略，操作比较简单，但是其实施效果与供应链中的信息共享水平有很大关系，在共享度低的情况下，很难实现供应链系统的最优。

中心化策略是指同时决定所有库存点的控制参数，结合各库存点的相互关系，通过协调来实现供应链系统中的库存最优。这种管理方法在供应链层次较多的情况下，操作难度较大。

（四）工作流管理

工作流管理是针对企业战略性库存决策问题所提出的库存管理策略。这种策略认为，库存是企业之间或部门之间没有实现无缝链接的结果，库存管理本质上不是针对物料的管理，而是针对企业业务流程的工作流管理，强调通过企业业务过程的调整来解决库存问题。这种策略强调了企业间的战略合作和协调。

第六章　运输与配送管理

第一节　物流运输管理概述

物流运输是供应链物流活动的重要一环，它是将物品从生产者转移到消费者手中，或者从消费者逆向转移到生产者而发生的物品空间的移动和管理。从现代供应链物流的角度看，运输不仅仅是一种物质产品移动的行为，更是决定客户服务和供应链物流成本费用的重要一环。

一、物流运输系统

物流运输或运输服务是指货物的载运与输送，是为实现货物的空间移动所进行的服务性经济活动。运输是最基本的物流机能之一。运输虽然从行为上看表现为货物在空间上的单纯移动，但事实上它是对多个经济主体从事各种物流功能的综合性管理过程。在一个有效的运输体系中，涉及的经济主体往往包括：产品买卖的供应方和需求方、从事物流系统管理和服务的第三方物流及具体的承运商，运输系统构成要素则包括配送中心、仓库、交通枢纽、运输工具、信息系统及管理体系。

二、物流运输的功能与作用

(一)物流运输的功能

物流运输具有转移和临时储存两大基本功能。

1. 转移功能

无论物品处于何种形式，是原材料、零部件、在产品，还是产成品，也无论是在生产过程中将被转移到下一阶段，还是转移到最终客户，运输都是必不可少的。运输的主要功能就是帮助物品在价值链中来回移动。物流运输的主要目的就是要以最低的时间、财务和环境资源成本，将物品从所在地转移到规定地点。

2. 临时储存功能

物流运输通常将需要转移的零星货物集中成较大批量的运输单位来降低总的运输成本，在运输过程中，运输工具成为临时的储存设施。特别是当转移中的货物需要储存，但在短时间内又将重新被转移时，货物在仓库的装卸成本可能会超过储存在运输工具中每天支付的费用。此时，也可以采用运输车辆作为临时储存设施，短时间储存货物。

(二)运输在物流中的作用

运输是物流系统的一个最基本的功能，是企业物流职能有效、经济地运转的基础。运输通过创造时间和空间效用增加企业的价值，即在物品按照规定的时间向规定的地点进行实体移动的过程中产生了价值增值。

1. 运输是连接企业地理上分散经营的实体线

一方面，劳动分工通常使生产与需求地点不一致，为了弥补买卖双方之间的空间距离，运输成为必不可少的环节；另一方面，全球化背景下，大多数企业与其供应源在地理上是分隔的，也需要依赖运输来连接供给和需求企业。特别是在全球化经济中，供应链越来越长，运输可能需要连接相隔千万里远的买卖双方，空间距离的加大增加了运输成本。同时，企业国际化运营也需要更多的运输时间，这就必然要求更多的存货，进而导致较高的储存成本。因此，买卖双方之间的距离越远，运输和储存成本就会越高。

2. 运输直接影响物流供应链节点的运营

运输服务的质量直接影响节点的存货成本和缺货成本，同时也会影响其运营成本。例如，如果一家企业从供应商向工厂运送原材料时将铁路运输方式改为航空运输，就能提高速度并缩短运送时间。这使得该企业可以在运送期内以低水平的库存满足需求，而且可以减少仓库容积的占用，产品包装的要求也可以降低。但是获取这些优势是以较高的运输成本为代价的。因此，企业需要运用总成本或系统方法来考虑运输决策对物流系统的影响。

三、运输原理

运输原理就是指导运输管理和运营的基本原理。

（一）规模原理

规模原理是指随着一次装运量的增大，每单位重量的运输成本下降。例如，利用整车能力进行装运的单位成本低于利用部分车辆能力进行装运的单位成本。运输规模原理的存在是因为货物运输固定费用的分摊。与货物运输有关的固定费用包括接收运输订单的行政管理费用、定位运输工具的时间、开票及设备费用等，这些费用不随装运的数量变化。

（二）距离原理

距离原理是指随着运输距离的增加，运输费用的增加会越来越慢，或者说每单位距离的运输成本随着运输距离的增加而减少。距离原理的合理性类似于规模原理。尤其是，运输工具装卸所发生的相对固定的费用必须分摊每单位距离的变动费用。距离越长，可以使固定费用分摊给更多的里程，导致每公里支付的总费用更低。

（三）速度原理

速度原理是指完成特定的运输所需的时间越短，其效应价值越高。这是因为运输时间缩短，实际是单位时间里的运输量增加，同时物品在运输工具中停滞的时间缩短，从而使到货提前期变短，有利于减少库存，降低储存费用。

第二节　运输方式及其选择

运输方式是物流系统的重要组成部分，运输方式的选择是物流系统决策中的一个重要环节，也是实现物流合理化的重要内容。因此，对于货物运输必须选择最适合的运输方式。

一、物流运输的基本方式

汽车、铁路、水路、航空和管道是可供企业选择的最基本的五种运输方式。每一种运输方式都有其不同的经济和技术特点，并能提供不同的运输服务。它们之间既存在一定的竞争关系，也存在优势互补的协作关系。

(一)汽车运输

汽车运输也称为公路运输,它是以货车为运载工具,提供商品在空间移动的物流服务。

1.汽车运输的特性

货车运输的特性概括起来集中体现在以下四个方面。

第一,汽车运输能实现机动、敏捷的输送。汽车可以在任何可通行的道路上进行运输活动,而且可以随时提供物流服务。此外,汽车在燃料、汽油补给等方面要优于其他运输手段,因此,能够应对多频度、少量配送,实现机动、灵活的输送,在空间和时间上具有相当大的弹性。

第二,汽车运输能迅速、正确地实现门对门的输送。汽车运输与其他运输方式的一个根本区别在于货物发生地与最终到达地之间不存在货物的中转,可以实行直接输送。其他运输方式都需要在车站、港湾、机场等物流节点实行货物中转,再经由其他运输工具(大部分为货车)输送到目的地,而汽车运输除了受道路限制外,基本上不需要货物收集、输送、配货等活动的媒介,直接完成运输活动。

第三,汽车运输能充分对应顾客的需求。随着货物种类、性质的不同,顾客运输需求多种多样、千变万化,而汽车在车辆和车种上都十分丰富,除了普通载重型货车外,还有各种类型的拖车(如杂货用拖车、完全型拖车、结合型拖车等)、专用特装车及合理化特装车等,这些车辆能够满足不同货物、不同层次、不同产业的运输需求,实现即时、对应型的服务。

第四,汽车运输单位较小,属于能源消耗型运输方式。汽车运输尽管有以上各种优点,但同时也存在一些不足,这主要表现在汽车运输由于运输单位较小,不可能实现大规模、大单位商品的运输。此外,能源效率差、搬运生产性较低、人力费与运输单价偏高都是汽车运输所特有的问题。

2.汽车运输方式的类型

汽车运输的类型有营业型汽车运输和自用型汽车运输,这两种类型的运输方式在经济性等方面各有千秋,因此,从企业管理组织的角度来看,正确把握它们的优缺点,对于选择有效的运输方式具有积极意义。

第一,营业型汽车运输的优缺点。

营业型汽车运输的优点首先是能够以较低的价格灵活应对季节变动等需求

变化。对营业型汽车运输企业来讲，由于具有多种多样的需求特性及以多数企业为服务对象，因而，能够确保稳定、持续的出货量，有效地抑制运输费用的上升。此外，针对突发性需求增长，由于企业车辆保有台数较多，可以灵活、及时做出反应。对于货主企业而言，营业型汽车运输的存在节省了货主企业对车辆等的设备投资及雇用、培训人力资源的投资，因而，企业成本和风险全部得到了控制。具体来看，营业型汽车运输的优点表现为：

(1)运输费用低廉；

(2)能对应运输量的变动实现稳定运输；

(3)运输效率高；

(4)运输能力大；

(5)通融性高；

(6)不需要设备投资；

(7)不需要人力投资；

(8)可以变动成本、价格。

营业型汽车运输的缺点是存在运费提高的可能，因而，难以实现运费的稳定化。另外，在系统一致性方面，与企业系统相比缺乏有机性，而且企业难以对其进行控制、管理，并融入整个企业系统中，尤其是像宅急送这种运输服务，驾驶员既是直接运输者，又是营销人员，所以，如果企业自身无法加以组织、管理，很难真正实现产销物的结合。营业型汽车运输的缺点可以归纳为：

(1)难以实现运费的稳定化；

(2)管理机能欠缺；

(3)机动性欠缺；

(4)缺乏企业系统的一致性；

(5)人际沟通较弱；

(6)缺乏市场营销的思考。

第二，自用型汽车运输的优缺点。

自用型汽车运输最大的好处是它具有高度的信赖性，由于运输已成为企业整体系统的一部分，所以可以通过接受一致的企业培训、教育，来协调实现营销与物流目标，从而对商流的顺利开展具有积极意义。另外，配送中心与运输、配送系统的联结较强，从而在整个系统有机运转的过程中获得各种有形或无形的价值。自用型汽车运输的优点表现为：

(1)具有较高的可信赖性；

(2)有利于商流；

(3)作业机动性高；

(4)可以实现稳定供给；

(5)系统具有一致性；

(6)风险低；

(7)可以实行人才教育和培训。

但是，与此同时，营业型汽车运输的优点正好是自用型汽车运输的缺点，即需求增减应对较难。而且，企业需要进行货车、驾驶员等关联投资，并具有强烈的固定费用的特性。另外，由于受到车种、车辆等投资的限制，缺乏货车运用的弹性。具体反映在以下方面：

(1)难以灵活应对输送量的变动；

(2)费用固定成本化；

(3)需要进行设备投资；

(4)需要进行人力投资；

(5)受输送能力的限制；

(6)受使用车种、车辆的限制。

(二)铁路运输

铁路运输是利用运行在铁轨上的火车来从事货物运输的一种方式。

1. 铁路运输的特点

铁路运输与汽车运输一样，同样具有特定的优点和缺点。

(1)铁路运输的优点

铁路运输一个首要的优点是运费与运距呈反比例关系，因而能实现长距离货物运费的下降，而且随着运送数量增加，单位运输费用、人力费用和管理费用具有下降趋势，因此，对于大规模、长距离货物运输来讲，铁路运输是一种抑制成本、提高运送生产率的有效方式。

第二，铁路运输可以实现高速运输。目前我国铁路运输时速达到 100 多公里，随着高速铁路建设的进一步发展，时速将提高到 200～300 公里，将会大大缩短物流时间。

第三，铁路运输安全度较高。铁路运输中事故率较低，而且不存在堵车等汽车运输所存在的问题，对保障货物及时正确地抵达具有积极作用。

第四,铁路网络遍布全国,可以在全国范围内实现大量运输,这是其他运输方式难以比拟的。

第五,铁路运输属于全天候运输方式,很少受气候变化的影响。

(2)铁路运输的缺点

第一,铁路运输需要进行货物的中转作业,主要是在铁路始发站或到达站都会发生货车之间的商品中转,因此,装卸、搬运次数较多,进而使物流的速度受到影响。

第二,铁路运输还存在车皮替换、列车编入等问题,这些颇费时间的管理、组织活动使其与汽车运输相比,缺乏机动性。

第三,铁路运输在途管理较难。汽车运输中每辆车可以通过网络相互通信,可以实现货车在途管理、重新调配等活动,而铁路运输由于较难实现,所以管理活动较粗疏。

第四,临时配车运输较难实现。也就是说,铁路运输不具有配车的弹性和灵活性,因此,在出现高度紧急化运输时,很难加以利用。

第五,难以完全实现门对门的运输。目前尽管有部分经铁路运输的商品可以利用集装箱直接配送到户,但是绝大部分产品仍然无法做到,所以,必须由货主自己安排到车站取货。

2.铁路运输的类型

铁路运输可以分为大量货物运输和小量货物运输两大类,前者是以货车为运载工具,整车、集装箱为单位进行的铁路运输,而后者是由混载和行李运输构成。具体来说,主要有:

第一,整车运输。整车运输是包租一节或几节货车的运输形式,适用于大批量、数量多或是单个长度、重量、容积等特别长大货物的运输。它在铁路货物运输中占有相当大的比例。从车体形状看,主要有封闭车体、无顶车体、特殊车体等。货物的运载根据其形状、特性、体积、重量等要素来选择相适应的车体。

第二,集装箱运输。铁路集装箱运输是以集装箱为运载单位和工具,为实现门对门联合运输,克服铁路运输的缺点,将铁路运输与汽车运输相结合的一种运输形式。集装箱运输中使用的集装箱为铁路公司或运输业者所拥有。集装箱又可以分为干货集装箱(一般集装箱)、冷藏集装箱、特殊集装箱等几种类型。从集装箱标准来看,运输中所使用的集装箱一般为20英尺箱,但是,值得指出的是,从近年集装箱运输的发展来看,未来的需求重心将从干货箱向冷藏箱、容积大型化箱、40 英尺高体箱倾斜，特种箱市场占有率不断扩大，而 20 英尺箱呈萎缩状态。随着公路、铁路等设施不断完善，40 英尺箱的应用范围将越来越广，其他特种箱的种类比例也将上升。

在运输路径上，铁路集装箱运输从门到始发站及从到达站到门的货物运输主要依靠汽车运输，中间从始发站到到达站的运输由集装箱列车承担，由此可以看出，铁路集装箱运输是实现门对门大量输送最为适当、有效的运输方式。

第三，混载车运输。混载车运输指通运业者从不固定的众多货主那里收集各种货物，集配成整车或集装箱后，再由铁路承运的一种运输方式。这种运输的特点是客户不是以整车或集装箱为单位核算运费，而是以各自托运的货物为基准核算，之后由通运业者统一将零散的货物组成大单位整车或集装箱运输。

第四，行李货物运输。行李货物运输是以小量货物作为运输对象进行的输送活动，它又可以分为小件货物运输与手提行李运输。

（三）水路运输

1. 水路运输的特点

水路运输是所有运输方式中最悠久的输送形式，它具有占地少、运量大、投资省、运输成本低等特点，特别适用于大宗货物的长距离运输。

第一，水路运输的优点。在运输长、大、重量货物时，与铁路、公路运输相比，水路运输具有突出的优点。具体反映在：

（1）可以实现大量运输；

（2）可以实现巨大货物运输；

（3）可以实现长距离运输；

（4）远距离运输价格便宜；

（5）单位成本较低；

（6）节省能源。

第二，水路运输的缺点。水路运输也有自身特有的弊端，表现在：

（1）需要进行港湾基础设施的建设；

（2）需要配备专用的装卸、搬运机械；

（3）易受气候变化的影响；

（4）运输速度较慢；

（5）杂货品运输比例较高；

(6)受运输路线、停靠泊位等限制；

(7)货物破损率较其他运输手段偏高。

2.船舶的种类

船舶根据运载货物的性质、用途、数量、装载方式等条件可以划分为多种类型。

第一，专用船。专用船是考虑到作业运输对象物资的特性，对船舶的构造、装卸设备、保管设施等进行了特别设计的船舶总称。具体讲，矿物专用船、石炭专用船、谷物专用船、木材专用船、汽车专用船等都属于这种类型。

第二，兼用船。即在船舶中混载货物运输的船，例如，汽车专用船在归航时装载谷物运输，这时专用船便具有兼用船的性质。

第三，特殊船。特殊船是一种以特殊物资为运输对象的船，如冷藏船、重物搬运船都是特殊船类。

第四，罐装船。罐装船已成为大量运输液体物资的代名词，它的装载对象主要是原油、特殊液体。

第五，集装箱船。集装箱船是海上运输中最为重要的船舶，它是将货物装载在集装箱中进行海上运输，进而推动实现门对门运输，所以，集装箱船是借助海陆联合运输，进而实现装卸、保管、时间、质量合理化的一种运输船舶。

3.水路运输的类型

水路运输按船舶航行路线划分，可以分为海上运输和内河航运，前者根据运输的范围来看，又可以进一步区分为远洋运输和内海运输。远洋运输是以大洋为路线所从事的各国之间的海上运输，它是国际物流中运输的主要形式。内海航运是以内海为路线在一国范围内所从事的海上运输，在我国也称为沿海运输。内河航运则是利用河川、湖泊等内陆水域从事的运输活动。我国内河航运主通道主要有京杭大运河、长江水系、珠江水系和淮河水系，共计 20 条河流，总长 15 000 公里。

(四)航空运输

1.航空运输的特点

航空运输是利用飞机作为运载工具所进行的输送方式。

(1)航空运输的优点

第一，航空运载能实现高速运输，真正体现“时间就是金钱”的特点，是所有运输方式中最迅速的。

第二,航空运输能维持较高的商品质量。航空运输由于输送时间短、振动小,加之管理体制和设施较完善、发达,因而很少发生商品破损、丢失等事故。

第三,航空运输能充分发挥输送高价值小型商品的优势,诸如高精度电子部件等高附加值产品由于成本绩效高,需要快速、安全的输送,最适合航空运输。

第四,航空运输能实现简易包装运输。航空运输由于是以单个货舱为单位装载货物,因此,包装简易也能够实现安全运输,从而有利于货主企业降低包装成本。

第五,较之短距离输送,航空运输更能够发挥在中长距离输送上的优势。

第六,减轻了货物在库负担。在一般远距离运输或运输速度较慢的情况下,不仅存在仓库或物流中心在库,而且还会发生运输途中商品仓储在库问题,因此,总在库量巨大,而航空运输由于输送的迅速性,削减了商品在库的数量,几乎不存在在途库存。

(2)航空运输的缺点

第一,航空运输无法实现货物大量输送。

第二,航空运输要受货物重量限制和规格限制,重量物品和大规格货物难以利用航空来实现输送。

第三,航空运输费用较高,对于低价格商品来讲,费用负担过大。

第四,航空运输要受地域的限制,即在没有飞机场或航空运输业务的地方难以开展货物输送活动。

第五,航空运输能源消耗较大。

2.航空运输的事业形态

航空运输由三种事业形态构成,即航空运输业、航空运输利用业和航空货物运输代理业。

第一,航空运输业。所谓航空运输业是指符合货主的要求,利用飞机有偿地从事货物运载的事业,它由国际航空运输和国内航空运输两部分构成。从最近国际航空运输的发展趋势来看,目前已出现以国际运输为主干线,相互利用位于两端的国内航空网络,进而与汽车运输网络相结合的国际型宅配运输方式,这是航空运输业的一种发展与延伸。

第二,航空运输利用业。航空运输利用业是适应他人需要,利用有偿航空运输业者进行货物运输的行业。航空运输利用业者从众多货主那里把货物收集起来后，到航空公司办理大宗货物托运，即所谓的混装运输业。

第三，航空货物运输代理业。航空运输中运输和销售分离开来，进行运输的航空公司和进行销售的代理店各自专业化。所谓航空货物运输代理业，就是为航空运输业者代行签订飞机运输合同的行业，其业务内容是按照航空公司规定的运输条款，代替航空公司与货主签订运输合同；发行航空公司的货运单，并把接受委托的货物和预付款转交给航空公司，作为报偿，自己从中得到手续费。

（五）管道运输

管道运输是一种以管道输送货物的方法，而货物通常是液体和气体。就液体与气体而言，凡是在化学上稳定的物质都可以用管道运送。因此，废水、泥浆、水甚至啤酒都可以用管道传送。

管道运输的价格构成通常包括两个部分：一是与委托客户最大运量相关的固定部分；二是与实际运量相关的部分。

管道运输的优点有：第一，运量大；第二，占地少；第三，建设周期短、费用低；第四，安全可靠、连续性强；第五，耗能少、成本低、效益好。但是，管道运输也有缺点，主要是灵活性差。管道运输不如其他运输方式（如汽车运输）灵活，除承运的货物比较单一外，它也不允许随便扩展管线，实现门到门的运输服务。对一般用户来说，管道运输常常要与铁路运输或汽车运输、水路运输配合才能完成全程输送。此外，运输量明显不足时，运输成本会显著地增大。

二、运输运作方式与选择

（一）运输运作方式

1. 单一运输方式

单一运输方式是指在运输服务过程中，根据所运输货物的特点和运输要求，使用汽车、铁路、水路、航空和管道五种基本运输方式中的一种。由于每一种基本运输方式都有其固有的特性，单一运输在利用某一基本运输方式的优点的同时，不可避免地会有一定的局限性。例如，航空运输虽然快速，但其运输成本比较高。

2. 多式联运方式

多式联运是吸收铁路、汽车、船舶、飞机等所有运输工具的长处，把它们有机地联合起来，实行多环节、多区段、多工具相互衔接，进行商品运输的一种方式。

通常，物流管理者必须使用不同的运输方式来实现既定的运输服务。使用多式联运方式的根本原因是各种运输方式的服务特征和成本。例如，航空运输的有限可用性使其需要结合地面运输方式来完成集货和交货。铁路、水路和管道运输也有同样的不可用性。多式联运的优势一方面表现在它克服了单个运输方式或手段所固有的缺陷，从而在整体上保证了运输全过程的最优化和效率化；另一方面从流通渠道来看，有效解决了由于地理、气候、基础设施建设等各种市场环境的差异而造成的商品在产销空间、时间上的分离，从而促进了生产与销售的紧密结合及企业经营机制的不断循环、有效运转。从我国的现实情况来看，由于人口众多、幅员辽阔、商品种类纷繁复杂、顾客需求千变万化，客观上要求运输能跟上这种千变万化的商品产销方式。

最流行的形式是卡车—铁路、卡车—水路和卡车—飞机运输，也存在铁路—水路、管道—水路和管道—卡车运输。空背运输、船背运输和背负式运输都是联合运输的例子。空背运输把汽车的可用性与飞机的速度结合起来；船背运输把汽车的可用性与水路运输的低成本结合在一起；背负式运输则将卡车的可用性融入到铁路服务的低成本中。

多式联运的优点主要包括以下几个方面。

第一，手续简便。在联合运输中发货单位在发货时，只要在起始地一次办理输送手续，收货方在指定到达站即可提取运达的商品，它具有一次起票、手续简便、全程负责的好处。

第二，能实现门对门运输。联合运输实行全程负责，多种运输方式综合使用，能很便利地实现门对门运输，这对保证供应链管理和产销物结合管理目标的实现具有积极意义。

第三，运费低廉。在交通运输部门的制度中规定，凡交通部门直属运输企业运输时，对联合运输的运费一律核减15％计算；地方经营船舶运输时，运费一律核减10％计算。此外，凡是交通运输部门能办联运的一律不办中转业务。

3.集装箱运输方式

集装箱运输是一种现代化的运输方式。集装箱是装运货物的标准化容器。采用集装箱运输方式，货物装箱之后直至货物到达最终目的地被卸载前，货物本身不再搬动。整个运输过程中，承运人搬运集装箱而不是货物。托运人可以把集装箱从一种运输方式转移到另一种方式，减少了每次整理货物的需要。集装箱运输因减少了整理货物的时间而减少了搬运成本、毁损成本、偷盗及完成运输方式转换所需要的时间。

集装箱运输将装卸活动从劳动密集型操作转向资本密集型操作。对人力搬运而言，集装箱过大过重，许多企业将装卸系统调整为使用起重机、叉车及其他能够处理大而重的集装箱的设备，装卸集装箱化的货物仅需要较少的劳动力。因此，集装箱运输对于提高生产率和控制装卸成本来说是一个理想的选择，特别是在劳动力成本不断增加的时期。

目前，集装箱运输在国际货运中已经得到了广泛认可。这种服务减少了在港口装卸货物的时间和成本，并且减少了损坏和偷窃。用集装箱将货物运往国外市场成本减少了10%～20%，同时提高了对这些市场的服务水平。

(二)运输运作方式的选择

物流管理者可以根据运输服务的要求，参考不同运输方式的服务特性，选择使用单一运输方式或多式联运方式。总的来讲，在选择运输方式时一般要考虑以下几个因素。

第一，货物属性。运送货物需要根据货物属性选择合适的运输方式，主要考虑货物形状的规则性、单位货物的重量和容积、货物是否具有危险性和易腐性等。

第二，货物批量。

第三，运输距离。

第四，运输时间。

第五，运输费用。

不同的运输方式在上述几个方面的特性前面已经分别介绍，这里不再重复。当然，这些条件不是相互独立的，而是紧密联系、互为决定的。如果要对运输方式选择条件具体分析的话，可以分成两种类型：一种是不可变量类型；另一种是可变量类型。在上述五个要素中，货物属性、货物批量及运输距离三个要素是由产品自身的性质和存放地点决定的，属于不可变量。而运输时间和运输费用是由不同运输方式相互竞争产生的，运输时间与运输成本的变化必然带来所选择的运输方式的改变。

第三节　运输成本和定价

一、运输成本及构成

（一）运输成本的概念

承运人在一定时间内完成某一货物运输的全部费用支出，称为运输总成本。单位运输货物应分摊的运输总成本称为运输成本。运输成本是制定货物运输价格的重要依据。一般来说，运输总成本包括货运、车队、燃料、设备维护、劳动力、保险、装卸、逾期/滞留费用、税收、跨国费用等。不同的运输方式之间，运输成本存在一定差异，有不同的构成类别和范围。例如，铁路运输中有整车运输、零担运输和集装箱运输等成本。

（二）运输成本的构成

运输成本是承运人和托运人共同关心的问题。综合考虑运输过程中的各种因素，物流运输管理的最佳选择往往并不是运价最低，而是总运输成本最低。运输成本的构成包括变动成本、固定成本和联合成本。

1. 变动成本

运输服务涉及很多成本，包括人工成本、燃料成本、设备维护成本等。按照成本支出是否随运量变化，运输成本可以分为变动成本和固定成本。

变动成本是指在一定时期内，由于开展运输活动，随运输数量、里程而变动的费用，运输数量越多，运输路程越长，这些变动费用就越高。变动成本包括与承运人运输每一宗货物有关的直接费用，如劳动成本、燃料费用和维修保养费用等。

2. 固定成本

固定成本是指在短期内不随运量的变化而变化的成本。它主要包括运输基础设施，如铁路、站台、通道、机器设备等的建造设立的成本及管理系统费用（诸如端点站或管理部门之类的费用）。这些成本的大小不受营运量大小有无的直接影响，因此叫做固定费用。固定成本必须通过营运得到补偿。

3. 联合成本

联合成本是指提供某种特定的运输服务而产生的不可避免的费用，例如返程运输的空车费用等。以返程运输为例，承运人将货物从甲地运往乙地，从乙地至甲地空车返回发生的费用就是从甲地至乙地运输的联合成本。这种联合成本或者通过提高从甲地至乙地的运输价格来弥补，或者通过找到需要从乙地至甲地运输货物的托运人弥补。承运人索要的运价包括隐含的联合成本，联合成本会影响运输费用。

二、运价的影响因素

运价（运输费率）是承运人对托运人提供服务所收取的费用。承运人确定运输费率应考虑以下因素。

（一）服务成本

以运输服务成本作为运价确定的基础，是考虑了承运人的利益。服务成本是确定运价水平的底线，也就是说，根据服务成本确定的运价是使承运人能够生存下去的运价下限。一般而言，承运人可以采用平均总成本、平均变动成本法或边际成本来确定运价。通常，承运人以平均总成本或者边际成本作为运价的下限。

（二）服务价值

根据服务价值确定运价，是考虑了运输服务需求方的利益。我们把根据服务价值确定运价定义为“对运输过程中所有负担的索价”。根据服务价值确定的运价是运费的上限。

一般而言，费率随运输的产品而变动。因所运输货物不同而产生的成本差异解释了这一点。但这一差异也包含了服务价值定价这一概念。如表 6－1 所示，对于价值高的商品而言，运费仅是全部售价中的一小部分。

表 6-1　运输费率和服务价值

	煤(美元)	钻石(美元)
每吨产品价值	30.00	10 000 000.00
每吨索要运费	10.00	1000.00
总售价	40.00	10 001 000.00
运输成本占售价的百分比	25%	0.01%

(三)距离

费率通常要根据距离而变化,也就是说,商品运输的距离越远,承运人的成本就越高,运输费用就越大。然而有些费率与距离无关,如分区运价。分区运价不随距离的增加而上涨。在承运人指定的区域内,所有地方的运费是相同的。以邮费为例,不管寄信的距离有多远,作为托运人(寄信人)的成本是相同的。

当然,大部分运费会随距离的增加而上涨,但是这种上涨并不完全与距离成比例。众所周知,费率与距离的关系称为费率递减原理。费用随距离增大而上涨,但不是线性关系。由于承运人在更大的里程基础上分摊了固定成本,所以费率呈递减趋势。

(四)货物重量

承运人按单位货物费用来索取运费。单位货物的费率与运输量有关,一般而言,承运人对大量运输索要的运费较低,而对零担运输索要的费率要高一些。实际上,承运人对大量运输提供了数量折扣。例如,铁路运输的运价分为整车货运的运价和零担货运的运价。

第四节　运输管理的基本决策

一、承运人决策

(一)承运人决策的概念

承运人决策是企业购买承运人服务以在不同物流节点之间提供必要连接的

专业采购过程，所选择的承运人将直接影响物流节点的运营和其他物流系统职能。因此，承运人的选择决策不仅需要评估不同运输方式的价格，还必须考虑不同运输方式影响物流节点的运营而发生的其他成本。

（二）承运人决策的内容

承运人决策的第一步是选择一种运输方式。企业可选择铁路、水运、汽车、航空和管道等基本运输方式，也可以选择多式联运方式。

承运人决策的第二步是根据已经选择的运输方式选择具体的承运人。对于具体承运人，企业可选择公共承运人、契约承运人、货运代理人或者自营运输。选择具体承运人时可供选择的承运人数目可能要比选择运输方式时多得多。比如，可供选择的基本运输模式只有五种」而可供企业选择的出租汽车运输公司却有很多。

（三）承运人决策的特点

通常，企业把承运人决策视为重复性的购买决策。也就是说，决定雇用汽车运输公司的企业在选择承运人提供运输服务时，不会每次都重新决策。除非企业重新考虑整体运输成本或者对其物流系统做重大调整，否则，采用汽车运输方式的决策不会改变。这种重复性决策的特征也同样适用于具体承运人的选择决策。除非企业无法接受承运人的服务水平或运价，否则，企业会重复使用已选定的承运人。

既定的运输方式中，绝大多数承运人具备提供同样服务水平的技术特征。但是，这些承运人所提供的服务水平确实大不相同。由于既定运输方式的承运人的成本结构在本质上是相同的，对于同一运输活动而言，该运输方式下可供选择的承运人的运价也是非常相似的。因此，尽管运输费用在选择运输方式时很重要，但由于同一运输方式下承运人的运价差异很小，选择具体承运人时，运输费用并不是最重要的标准，承运人服务绩效才是企业根据运输方式选择具体承运人时的决定性因素。

二、线路规划决策

与运输管理相关的最重要的运营决策是运输路线的规划，它将直接影响到运输设备和人员的利用。在运输路线优化方面，按照起讫点不同可以分为三种类型:单一起讫点、多起讫点及起讫点重合。

(一)单一起讫点

所谓单一起讫点,指的是只有一个发货点和一个终点,这种情况下的运输规划可以采用最短路径法。该方法是:已知一个由链和节点组成的网络,其中节点代表运输配送可能经过的所有点,链代表节点之间的代价(如距离、成本费用等要素)。起初,所有的节点没有经过求解,只有起点是已解点。该方法按下列原则进行求解。

(1)第 n 次迭代的目的:找出第 n 个距起点最近的节点,对 $n=1,2,\cdots$ 重复此过程,直到找到最近节点是终点。

(2)第 n 次迭代的输入值:在前面的迭代过程中找出 $(n-1)$ 个距起点最近的节点及其距起点最短的路径和距离。这些节点和起点统称为已解的节点,其余的称为未解节点。

(3)第 n 个最近节点的候选点:每个已解的节点直接和一个或多个未解的节点相连接,就可以得出一个候选点——连接距离最短的未解点。如果有多个距离相等的最短连接,则有多个候选点。

(4)计算出第 n 个最近的节点:将每个已解节点与其候选点之间的距离累加到该已解节点与起点之间最短路径的距离上。所得出的总距离最短的候选点就是第 n 个最近的节点,其最短路径就是得出该距离的路径(若多个候选点都得出相等的最短距离,则都是已解的节点)。

(二)多起讫点运输

如果有多个货源地服务于多个市场,这时需要解决各供货地向哪个市场运送多少产品,并且要找到供货地、目的地之间的最佳路径。在这种状况下,一般需要用到线性规划方法。

具体方法如下。

要将某类商品从 m 个产地 $A_1,A_2,\cdots$,运往 n 个销地 $B_1,B_2,\cdots,B_n$。

产地 $A_i(i=1,2,\cdots,m)$ 的发运量为 $a_i(i=1,2,\cdots,m)$。

销地 $B_j(j=1,2,\cdots,n)$ 的需要量为 $b_j(j=1,2,\cdots,n)$。

已知从产地 A_i 运到 B_j 的单位运价为 $C_{ij}(i=1,2,\cdots,m;j=1,2,\cdots,n)$ 和运输里程为 $L_{ij}(i=1,2,\cdots,m;j=1,2,\cdots,n)$。

则从产地 A 运往销地 B 的商品运量应满足：

$$\sum_{i=1}^{m} a_i = \sum_{j=1}^{n} b_i \text{（总产量与总销量平衡）}$$

如 X_{ij} 表示由 A_i 到 B_j 的商品运量，而 X_{ij} 又满足下列约束条件：

$$\sum_{j=1}^{n} X_{ij} = a_i (i=1,2,\cdots,m) \tag{1}$$

$$\sum_{i=1}^{m} X_{ij} = b_j (j=1,2,\cdots,n) \tag{2}$$

$$X_{ij} \geqslant 0 (i=1,2,\cdots,m; j=1,2,\cdots,n) \tag{3}$$

其中，式(1)表示从每个产地运往各销地的商品数量等于此产地的总产量；式(2)表示对于每一个销地来说，从各地运去的某种商品总量等于各销地的需要量；式(3)表示商品运量最小为零，不能为负数。

现在确定一个最合理的产销地联系方案，使决定的 X_{ij} 各值满足上述各方程的约束条件，同时使总的运费（或运输吨公里）最小。

$$\min(f) = \sum_{i=1}^{m} \sum_{j=1}^{n} C_{ij} X_{ij}$$

或

$$\min(f) = \sum_{i=1}^{m} \sum_{j=1}^{n} L_{ij} X_{ij}$$

（三）起讫点重合运输

在供应链物流配送管理中经常会遇到起讫点重合的情况，特别是企业自己从事运输配送的情况下，该问题相当普遍。一般来说，在这种情况下，运输配送路线和规划应当遵循以下原则。

第一，安排车辆相互距离最接近的站点的货物运输。卡车的行车路线围绕相互靠近的站点群进行计划，以使站点之间的行车时间最短。

第二，安排车辆各日途径的站点时，应注意使站点群更加紧凑。如果一周内各日服务的站点不同，就应该对一周内每天的路线和时刻表问题分别进行站点群划分。各日站点群的划分应避免重叠，这样可以使为所有站点提供服务所需的车辆数降到最低。

第三，从距仓库最远的站点开始设计路线。要设计出有效的路线，首先要划分出距仓库最远的站点周围的站点群，然后逐步找出仓库附近的站点群。一旦确定了最远站点，应选定距该核心站点最近的一些站点形成站点群，分派载货能力能满足该站点群需要的卡车。然后，从还没有分派车辆的其他站点中找出距仓库最远的站点，分派另一车辆，如此反复，直到所有的站点都分派车辆。

第四，卡车的行车路线应呈水滴状。安排行车路线时各条路线之间应该没有交叉，且呈水滴状。时间窗口（只允许在规定时间取送货）和送货以后才能取货的限制条件可能会造成线路交叉。

第五，尽可能使用最大的车辆进行运送，这样设计出的路线是最有效的。理想状态下，用一辆足够大的卡车运送所有站点的货物将使总的行车距离或时间最短。

第六，取货、送货应该混合安排，应该尽可能在送货过程中安排取货，以减少路线交叉的次数。

第七，对过于遥远而无法归入群落的站点，可以采用其他配送方式。采用小型卡车进行服务可能更经济，此外，利用外租的运输服务也是很好的选择。

第八，避免时间窗口过短。各站点的时间窗口过短会使行车路线偏离理想模式。

第五节　物流配送及其管理

为了更好地为客户服务，许多企业强调面向客户的货物流出系统，也称为配送。配送是物流发展的产物，是物流系统的基本功能，在物流和供应链管理研究中一直是人们研究的重点。

一、配送的概念与分类

根据中华人民共和国国家标准《物流术语》，配送是指“在经济合理区域范围内，根据客户要求，对物品进行拣选、加工、包装、分割、组配等作业，并按时送达指定地点的物流活动。从配送实施过程来看，配送包括“配”与“送”两个方面的活动。“配”是对货物进行集中、分拣和组配。“送”是运用不同的方式将货物送达客户或客户指定地点。根据配送的组织者、配送的商品数量和种类、配送的时间和数量，配送有不同的分类方法。

（一）按实施配送的组织者

按实施配送的组织者不同，分为商店配送、生产企业配送、仓库配送和配送中心配送。

1. 商店配送

商店配送的组织者是商业或物资部门的门市网点。这类配送一般规模不大，但经营品种比较齐全。除日常的零售业务外，这些网点还可以根据客户的要求，将日常经营的品种备齐，或代客户订购其他商店经营的商品，同本店经营的商品一起配齐送达客户。

由于商业或物资部门的零售网点数量较多、配送范围小，这种配送方式灵活机动。但由于规模、实力有限，这种配送的组织者一般无法承担大批量的商品配送，主要是作为配送中心的辅助或补充配送形式。

2. 生产企业配送

顾名思义，这种配送方式的组织者是生产企业，特别是生产多品种产品的企业。这种配送方式下直接由生产企业进行配送，而不需要将产品发送到配送中心进行中转配送，从而在节省成本方面具有一定优势。这种配送方式多适用于大批量、单一产品的配送，具有一定的局限性。

3. 仓库配送

这种配送形式以一般仓库为据点进行配送。它可以把仓库完全改造成配送中心，也可以在保持仓库原有功能的前提下，以原有功能为主，再增加一部分配送功能。

由于可以利用仓库原有的储存设施及能力，它具有投资小、上马快的优点。但由于受原有仓库规模等条件的制约，仓库配送的规模较小，专业化水平不高。

4. 配送中心配送

配送中心配送是配送的重要形式，其组织者是专职配送中心。配送中心是专门从事物流配送活动的经营组织，经营规模较大，其设施和公益活动是根据配送活动的特点和要求专门设计和设置的，具有专业化程度高、设施与设备齐全、物流配送能力强的特点。但由于其初期投资较大，且一旦建成很难改变，灵活机动性差，往往在实施配送初期很难大量建立配送中心。

（二）按配送商品的数量和种类

按配送商品的数量和种类多少，分为单（少）品种大批量配送、多品种小批量配送和配套成套配送。

1. 单(少)品种大批量配送

这种配送形式适用于需要量大、品种单一或较少的生产企业。对于工业企业需要量较大的商品，单独一个品种或几个品种就可达到较大输送量。由于配送量大，可以实行整车运输，往往不需要再与其他商品进行搭配，就可使车辆满载并使用大吨位车辆。

2. 多品种小批量配送

当客户需要的产品品种数较多，但每一个品种的数量不大时，如果采取大批量的配送方式，就会造成客户库存加大。多品种小批量配送是指在配送时，根据客户要求，将所需要的各种物品配备齐全，凑整装车后送达客户。

3. 配套成套配送

当客户所需的物品是成套性的，如装配型生产企业，其生产的产品可能需要很多零部件，往往采用配套成套配送。这种配送方式根据企业的生产需要，把生产每一台产品所需要的全部零部件配齐，按照生产节奏定时送达生产企业，生产企业随即可将此成套零部件送入生产线以装配产品。

(三)按配送的时间和数量

按配送的时间和数量可分为定时配送、定量配送、定时定量配送、定时定路线配送和即时配送。

1. 定时配送

定时配送是指按既定的时间间隔进行配送，比如数天、数小时一次。每次配送的品种及数量可以根据预先的约定执行，也可以在配送之前根据客户需求进行调整。这种配送方式的优点是时间固定、易于安排工作计划、易于计划使用车辆，对于客户来讲，也易于安排接运人员和接运作业。缺点是由于配送物品种类和数量的变化，配货、装货难度较大。

2. 定量配送

定量配送是指按规定的批量，在指定的时间范围内进行配送。由于这种配送方式数量和品种相对固定，备货工作较为简单，可以有效利用托盘、集装箱等集装方式，提高配送效率。同时，由于这种配送方式对时间规定不严格，可以将不同客户的物品拼凑整车运输，从而提高运送能力的利用率。

3. 定时定量配送

定时定量配送是指按照规定的配送时间和配送数量进行配送。这种方式兼具定时配送和定量配送两种方式的优点，但因其执行难度较大，采用较少。

4. 定时定路线配送

定时定路线配送是指在规定的运行路线上制定到达时间表，按运行时间表进行配送，客户可按规定地点和时间接货，也可提出其他配送要求。这种配送方式可以对多个客户实行共同配送，比较容易管理且配送成本较低。

5. 即时配送

即时配送是指完全按客户提出的配送时间和数量要求进行配送的方式。即时配送可以灵活高效地满足客户的即时需求。这种配送方式下，客户可以将安全库存降为零，以即时配送代替安全库存，实现零库存经营。即时配送对配送中心要求较高，对配送的时间和速度要求比较严格，配送成本比较高，是配送企业能力的体现。即时配送是企业实现零库存管理的重要保障。

二、配送的基本功能要素

配送的基本功能要素包括备货、分拣、配货、配装、送货及配送加工。

(一)备货

备货是配送的前期工作，包括筹集货源、订货、集货、进货及相应的质量检查、结算、交接等。备货的一个重要环节是集货，即将分散的、需要配送的物品集中起来，以便进行分拣和配货。

(二)分拣

分拣是配送作业的中心环节。所谓分拣，是依据订单要求，迅速、准确地将需要配送的物品从储位上拣取出来，配备齐全，并按配装和送货的要求进行分类，送入指定发货点堆放的作业。

(三)配货

配货是将拣取分类完成的货品经过检查,装入容器和做好标记,再运到发货准备区,待装车后发送的作业过程。分拣及配货是决定整个配送系统水平的关键。

(四)配装

单个客户配送数量不能达到车辆的有效载运负荷时,就存在如何集中不同客户的配送货物、进行搭配装载以充分利用运能运力的问题。配装就是指充分利用运输工具的载重量和容积,采用先进的装载方法合理安排货物的装载。

(五)送货

送货是指将配好的货物按照配送计划确定的路线送达客户指定地点,并与客户进行交接。送货过程中的运输属于运输中的末端运输、支线运输,其特点是运输距离较短、规模较小,一般使用汽车作为运输工具。

(六)配送加工

配送加工并不是配送必要的功能要素,但却具有极其重要的作用。配送加工是根据客户要求进行的一种流通加工,可以提高客户满意度。

三、配送模式

配送模式是指企业对配送所采取的基本战略和方法。常见的配送模式有自营配送、互用配送、第三方配送和共同配送。

(一)自营配送

自营配送是指企业物流配送的各个环节由企业自己筹建并组织管理,实现对企业内部及外部货物配送的模式。自营配送是目前我国国内企业广泛采用的一种配送模式。自营配送有利于企业供应、生产和销售的一体化作业,具有系统化程度较高的特点。这种配送模式既可满足企业内部原材料、半成品及产成品的配送需要，又可满足企业对外进行市场拓展的需求。但是在自营配送模式下，企业为建立配送体系的投资规模将会大大增加，在企业配送规模较小时，配送的成本和费用也相对较高。

（二）互用配送

互用配送是几个企业为了各自利益，以契约的方式达成某种协议，互用对方配送系统而进行配送的模式。采用互用配送模式，企业不需要投入较大的资金和人力，就可以扩大配送规模和范围，但这种配送模式需要企业有较高的管理水平及与相关企业的组织协调能力。互用配送模式比较适合电子商务条件下的 B2B 交易方式。

（三）第三方配送

第三方配送模式是指企业将部分或全部配送活动交由交易双方之外的专业物流配送企业来完成的配送运作模式。随着物流业的不断发展及第三方配送体系的不断完善，第三方配送模式成为工商企业和电子商务网站进行货物配送的首选模式和方向。

（四）共同配送

共同配送是由多个企业联合组织实施的配送活动，实施共同配送的主体可以是作为物流需求方的制造商、批发商和零售商，也可以是作为物流服务供应方的运输企业和仓储企业。

共同配送最早产生于日本，日本运输省将共同配送定义为“在城市里，为使物流合理化，在几个有定期运货需求的货主的合作下，由一个卡车运输业者使用一个运输系统进行的配送”。我国国家标准《物流术语》将共同配送解释为“由多个企业联合组织实施的配送活动”。共同配送的指导思想是单个车辆的运载效率较低，将共同的货物和商品集中在一起配送，一方面可以提高单车装载率和物流效率；另一方面有利于削减在途运行车辆，减少车辆运输对社会所产生的外部不经济。因此，共同配送的实质是通过配送活动的规模化降低作业成本以提高物流资源的利用效率。

从美、日等经济发达国家的共同配送发展历程看，适合商贸企业商品配送共同化的基本模式主要有横向和纵向两种配送模式。根据组织形式不同，共同配送包括横向共同配送和纵向共同配送两种。

1.横向共同配送

第一，同产业间的横向共同配送。同产业间的横向共同配送是指处于相同产业的生产或经营企业为了提高物流效率，通过配送中心集中送货的一种方式。其具体做法有两种形式。一种形式是在企业各自分散拥有运输工具和物流中心的情况下，根据运输物品数量的多少，采取委托或受托的形式开展共同配送，也就是将本企业配送数量较少的物品委托给其他企业来运输，而本企业配送数量较多的物品，在接受其他企业委托运输的基础上实行统一配送，这样企业间相互提高了配送效率。另一种形式是同产业企业通过共同建立配送中心等基础物流设施来实施共同配送。这种方式对参与的企业来讲，可以在节省大量物流设施、设备及人员投资的同时，实现专业化配送。

第二，异产业间的横向共同配送。异产业间的横向共同配送是指将不同产业的企业生产经营的物品集中起来，通过配送中心向客户输送的配送形式。

第三，共同集配。共同集配是以大型运输企业为主导的合作型共同配送。企业将需要配送的物品转交给指定的运输者，由其向客户进行配送。这是一种第三方物流公司主导的配送模式。这种配送模式最大的优点就是配送成本低、专业化配送水平高。

2.纵向共同配送

第一，生产商与批发商物流共同化。在生产商力量较强的产业，为了强化物流批发机能，生产商自身代行批发功能，或利用自己的信息网络，对批发企业多批次、少批量的配送服务给予支援。若生产商多为中小企业而批发商力量较强，则由批发商集中处理多个生产商的配送活动。

第二，零售商与批发商物流共同化。零售商与批发商物流共同化的一种方式是大型零售商建立自己的配送中心，批发商经销的商品都必须经由该中心再向零售商的各店铺进行配送。另一种是对于中小型零售商，它们自己不建立配送中心，而是依托大型批发商，由该批发商对各中小零售店进行共同配送。

共同配送与互用配送这两种配送模式都可以提高配送的效率，但二者有着明显的区别。

(1)共同配送模式旨在建立配送联合体，以强化配送功能为核心，为社会服务；而互用配送模式旨在提高自己的配送功能，以企业自身服务为核心。

(2)共同配送模式旨在强调联合的共同作用,而互用配送模式旨在强调企业自身的作用。

(3)共同配送模式的稳定性较强,而互用配送模式的稳定性较差。

(4)共同配送模式的合作对象需是经营配送业务的企业,而互用配送模式的合作对象既可以是经营配送业务的企业,也可以是非经营配送业务的企业。

第六节　配送中心及其管理

配送中心是从事物流配送活动的现代化流通设施,是物流业的发展方向。

一、配送中心及类型

配送中心于 20 世纪 30 年代形成于西方国家并发展至今。对于配送中心,不同国家、不同学者对其有不同的解释和定义。根据我国国家标准《物流术语》的规定,从事配送业务的物流场所和组织应符合下列条件:

第一,主要为特定的用户服务;

第二,配送功能健全;

第三,具有完善的信息网络;

第四,辐射范围小;

第五,多品种、小批量、多批次、短周期;

第六,主要为末端客户提供配送服务。

因此,配送中心是接受生产厂家等供货商多品种大量的货物,按照多家需求者的订货要求,迅速、准确、低成本、高效率地将商品配送到需求场所的物流节点设施。

根据配送中心功能的不同,配送中心可以分为以下几类。

第一,储存型配送中心。

第二,流通加工型配送中心。流通加工型配送中心的主要功能是流通加工作业。这种配送中心基本上不具备长期储存功能,货物往往采用整进零出的方式,在配送中心里仅做少许停滞。

第三,综合型配送中心。综合型配送中心既具有商品周转、分拣功能,又具有保管、在库管理等管理型功能,是一种"全功能"的配送中心。

二、配送中心的功能

第一,集货功能。为了按客户要求配送,满足客户需求,配送中心需要从众多供应商手中购进大量的品种比较齐全的商品。

第二,储存保管功能。配送中心需要按照客户要求及时将各种配装好的货物送交到客户手中,满足客户需求。为了顺利完成这一任务,更好地发挥保障生产和消费需要的作用,配送中心通常需要配备一定的仓储设施以储存一定数量的货物,并且保障这些货物的质量与数量。储存保管功能已经成为配送中心的重要功能之一。

第三,分拣功能。由于每个客户对货物的品种、规格、型号、数量、质量、送达时间和地点等要求不同,为了有效地进行配送,配送中心必须采取适当的方式对货物进行拣选,按照配送计划分装和配装货物。

第四,分装功能。为了提高经济效益,配送中心采用大批量的进货来降低进货价格和进货费用。但是客户为了降低库存、加快资金周转,往往采用小批量进货的方法。为了满足客户这种小批量、多批次的进货要求,配送中心就必须进行分装。

第五,集散功能。配送中心能够将分散在各个生产企业的产品集中到一起,然后经过分拣、配装向多家客户发运。

第六,流通加工功能。为解决生产中大批量、少规格和消费中小批量、多样化要求的矛盾,配送中心按照客户的不同要求对货物进行分装、配装等加工活动。

第七,送货功能。配送中心将配好的货物按到达地点或到达路线进行送货。运输车辆可以租用社会运输力量,也可以使用自己的专业运输车队。

第八,信息功能。通过汇总及传递信息,配送中心可以提供更加准确、及时的配送信息。

第九,服务功能。配送中心以满足客户需求为宗旨,以客户需要为导向开展配送服务。

三、配送中心作业管理的内容

(一)订单处理作业

物流中心的交易始于客户的询价、业务部门的报价,然后是订单的接收,业务部门需查询出货日的库存状况、装卸货能力、流通加工负荷、包装能力、配送负荷等来满足客户需求,而当订单无法按客户要求交货时,业务部门需进行协调。由于配送中心不随货收款，因此在订单处理时，需根据公司对客户的授信状况进行核查。此外，还需统计该时段的订货数量，并调货、分配出货程序及数量。退货数据也在此阶段处理。业务部门还需制定报价计算方式，做报价历史管理，制定客户订购最小批量、订货方式或订购结账截止日。

(二)采购作业

接收订单后，配送中心需向供货厂商或制造厂商订购商品，采购作业包括商品数量需求统计、对供货厂商查询交易条件，然后根据所需数量及供货厂商提供的经济订购批量提出采购单。采购单发出后则进行入库进货的跟催动作。

(三)进货入库作业

开出采购单后，进货入库管理员即可根据采购单上预定入库日期进行入库作业调度、入库月台调度，在商品入库当日，进行入库资料核查、入库质检，当质量或数量不符时进行适当修正或处理，并输入入库数据。进货入库管理员可按一定方式指定卸货及托盘堆叠。对于退回商品的入库还需经过质检、分类处理，登记入库。

商品入库后有两种作业方式，一种方式为商品入库上架等候出库需求再出货。商品入库上架需由计算机或管理人员按照仓库区域规划管理原则或商品生命周期等因素来指定存放位置并登记，方便日后的库存管理或出货查询。另一种方式是直接出库，此时管理人员需按照出货需求将商品送往指定的出货码头或暂时存放地点。入库搬运过程中需由管理人员选用搬运工具、调拨分派工作人员，并安排工具、人员的工作时程。

(四)库存管理作业

库存管理作业包括仓库区管理及库存控制。仓库区管理包括商品在仓库区域内摆放方式、区域大小、区域分布等规划；商品进出仓库的控制——先进先出或后进先出；进出货方式的制定——商品所需搬运工具、搬运方式；仓储区货位的调整及变动。库存控制则需按照商品出库数量、入库所需时间等来制定采购数量及采购时间，并做采购时间预警。制定库存盘点方法，定期负责打印盘点清单，并根据盘点清单内容清查库存数、修正库存账及制作盘盈盘亏报表。仓库区的管理还包括包装容器使用与包装容器保管维修。

(五)补货及拣货作业

统计客户订单即可知道商品真正的需求量。在出库日,当库存数满足出货需求量时,即可根据需求数量打印出库拣货单及各项拣货指示,进行拣货区域的规划布置、工具选用及人员调派。出货拣取不仅包括拣取作业,还需补充拣货架上商品,使拣货不至于缺货,这包括补货量及补货时点的制定、补货作业调度、补货作业人员调派。

(六)流通加工作业

配送中心的各项作业中流通加工最易提高商品的附加价值。流通加工作业包括商品的分类、过磅、拆箱重包装、贴标签及商品组合包装。这就需进行包装材料及包装容器的管理、组合包装规划的制定、流通加工包装工具的选用、流通加工作业的调度、作业人员的调派。

(七)出货作业处理

完成商品拣取及流通加工作业后,即可进行商品出货作业。出货作业包括根据客户订单为客户打印出货单据,制定出货调度,打印出货批次报表、出货商品上所需地址标签及出货核对表。由调度人员决定集货方式、选用集货工具、调派集货作业人员及运输车辆大小与数量。由仓库管理人员或出货管理人员决定出货区域的规划布置及出货商品的摆放方式。

(八)配送作业

配送作业包括商品装车并实际配送,需事先规划配送区域的划分或配送路线安排,由配送路线选用的先后次序来决定商品装车顺序,并在商品配送途中进行商品跟踪、控制及配送途中意外状况的处理。

(九)会计作业

商品出库后销售部门可根据出货数据制作应收账单,并将账单转入会计部门作为收款凭据。商品入库后,则由收货部门制作入库商品统计表作为供货厂商催款稽核之用,并由会计部门制作各项财务报表供经营政策制定及经营管理参考。

(十)经营管理及绩效管理业务

除上述作业外,还需高层管理人员通过各种考核评估来实现配送中心的效率管理,并制定经营决策及方针。而经营管理和绩效管理可由各个工作人员或中层管理人员提供各种信息与报表,包括出货销售统计数据,客户对配送服务的反馈报告,配送商品次数及所需时间报告,配送商品的失误率和仓库缺货率分析,库存损失率报告,机具设备损坏及维修报告,燃料耗材等使用量分析,外雇人员、机具、设备成本分析,退货商品统计报表,人力使用率分析等。

第七章　装卸搬运、包装与流通加工管理

第一节　装卸搬运作业管理

一、装卸搬运的概念与作用

（一）装卸搬运的概念

装卸是指物品在指定地点以人力或机械装入运输设备或卸下，其结果是物品的垂直位移。搬运则是指在同一场所内对物品进行水平移动的物流作业，其结果是物品的水平位移。在物流实践中，装卸和搬运往往是密不可分的，因此，通常合称"装卸搬运"，即在同一地域范围内进行的，以改变物品存放状态和空间位置为主要目的的作业活动。在强调物品存放状态的改变时，常用"装卸"一词；在强调物品空间位置的改变时，常使用"搬运"一词。

（二）装卸搬运的作用

无论在生产领域还是在流通领域（生产领域的装卸搬运通常被称为"物料搬运"），装卸搬运都是影响物流速度和物流费用的重要因素，在物流系统中发挥着以下作用。

第一，衔接生产各阶段和流通各环节的转换。在物流作业过程中，从一个环节转换到另一个环节，几乎都伴随着装卸搬运活动，运输、储存、包装等环节一般都以装卸搬运为起点和终点。例如，货物需要从仓库搬运至运输工具处并装到运输工具上才能进行运输，运至储存地之后又要从运输工具上卸下并搬运至仓库或货场才能进行储存。

第二，保障生产和流通各环节作业的顺利进行。虽然装卸搬运活动本身不产生有形产品，但其工作质量却对生产和流通的其他环节有着很大影响。如果生产过程中的物料搬运不能适应生产要求，就可能导致停工；如果流通过程中的装卸搬运出现问题，就可能导致货物滞留于某一环节，从而中断流通过程。

第三，影响物流活动的效率。在物流过程中，装卸搬运是不断出现、反复进行

的，并且每一次装卸活动都要耗费时间，而这一时间的长短是决定物流速度的关键，并且在进行装卸搬运操作时，一般都要发生人员或机械与货物的直接接触，从而可能造成货物破损、散失、损耗、混合等损失。因此，装卸搬运的效率直接影响着物流活动的效率。

二、装卸搬运作业的类型

物流过程中的装卸搬运作业形式有很多种，按照不同的标准可以进行不同的分类。

(一)按作业场所分类

第一，车间装卸搬运，即在车间内各道工序之间进行的装卸搬运活动。这类装卸搬运作业主要以保证生产过程的顺利完成为目的，对原材料、在制品、半成品、零部件、产成品进行分拣、取放、堆码和输送。

第二，站台装卸搬运，即在车间或者仓库外的站台进行的各种装卸搬运作业，包括装车、卸车，集装箱的装箱、掏箱、搬运等。

第三，港口装卸搬运，即在港口进行的各种装卸搬运活动，包括装船和卸船作业，在港口前沿与后方之间进行的搬运作业，港口后方的铁路车辆和汽车的装卸作业，港口理货场的搬运作业等。

第四，铁路装卸搬运，即在铁路车站进行的装卸搬运活动，其具体包括铁路车辆在货场及站台的装卸作业，汽车在铁路货物和站旁的装卸作业，铁路仓库和理货场的分拣、配货、中转作业等。

第五，仓库装卸搬运，即在仓库、堆场、物流中心等场所内进行的装卸搬运活动，包括挪动移位、堆码、取放、分拣配货等。

(二)按作业对象分类

1. 单件作业

单件作业即对单件货物逐件进行装卸搬运：对于又长又大的笨重货物、形状特殊的货物及集装作业会增加危险的货物等，通常采用单件装卸搬运作业。

2. 集装作业

为了方便装卸搬运作业，将货物进行临时捆扎或装箱，以集零为整，形成装卸搬运单元，再对其进行装卸搬运的具体操作，其主要包括捆货作业、集装箱作业、托盘作业、网装作业等。

3. 散装作业

散装作业即针对物流过程中无固定形态的散装货物，如矿石、煤炭、粮食、化肥等进行的装卸搬运活动。对于散装货物，既可以利用连续输送设备进行连续搬运作业，也可将其集合成装卸搬运单元再进行作业。

（三）按作业特点分类

第一，堆垛拆垛作业，又称为“堆码取拆”，是对货物进行堆放、拆垛、高垛和高垛取货等作业，通常在货场、仓库、车厢、船舱等场所进行。

第二，分拣配货作业，是将货物按品种、用途、到站、去向、货主等不同特征进行分类的作业活动。

第三，挪动移位作业，即改变货物空间位置的作业：挪动移位作业是为了进行堆垛、拆垛、分拣、配货等作业而发生的，具体包括货物的水平、垂直、斜行等移动搬运作业及由这几种形式组成一体的作业。

（四）按作业方式分类

第一，吊装吊卸作业，也称垂直装卸，即利用各种起重设备对货物进行装卸，以改变货物垂直方向的位置为主要目的的作业。

第二，滚装滚卸作业，也称水平装卸，是利用各种轮式、履带式车辆通过站台、渡板等开上开下装卸货物，用叉车、平移机来装卸集装箱、托盘或单件货物。它是以改变货物水平方向的位置为主要目的的作业。

三、装卸搬运作业的组织

在具体实施装卸搬运作业之前，需要对作业方式、作业过程、作业设备及作业人员进行一定的组织规划，以确保高效率地完成装卸搬运活动。

（一）明确装卸搬运作业的任务

确定作业任务是进行装卸搬运作业的基本前提，装卸搬运的任务有可能事先确定，也有可能临时变动。但在通常情况下，可以根据物流计划，经济合同，装卸作业的不均衡程度，装、卸车的时限等因素来确定作业现场的装卸搬运任务量，在确定了装卸搬运的任务以后，就必须对装卸作业对象的特点进行详细了解，据以确定作业方式，选择作业工具，组织作业人员。具体而言，需要了解作业对象的物理和化学特性，以确定其可运性；需要了解作业对象对物流条件的要求，包括质量保证方面的要求、环境保护方面的要求和某些特殊要求，如精密仪器的搬运就需要采取特殊的方法，贵重物品的搬运需要特殊控制等。

（二）确定装卸搬运作业的方式

在明确作业任务和作业对象的特点之后，需要根据所掌握的信息确定装卸搬运作业的方式。如前所述，装卸搬运作业的方式有多种，每一种都具有适用的作业对象，例如，对散装货物的装卸搬运就要采用散装作业方式。同时，对于不同的作业方式而言，与其相适应的作业过程、作业设备也不相同。确定作业方式有助于进一步规划装卸搬运的作业过程，选择作业工具和设备。

（三）规划装卸搬运作业路线

规划装卸搬运作业路线，即对装卸搬运作业整个过程各个环节的连续性进行合理安排，以缩小搬运距离，减少搬运次数。

作业现场的平面布置是直接影响搬运距离的因素，因此，首要问题就是对各环节的作业点进行空间布局，要留有足够的场地集结货物，并满足装卸机械工作面的要求；场内道路的分布要为装卸搬运作业创造良好条件，要有利于加速货位的周转。

在作业现场空间布局一定的情况下，需要根据物流量大小和搬运距离的长短来选择较为合理的搬运路线。通常，搬运路线可分为直达型、渠道型和中心型三种。

第一，直达型，是指货物经由最近的搬运路线到达目的地。当物流量大、距离短或距离中等时，选择这种路线较为经济。另外，当货物具一定特殊性而且时间又较为紧迫时，也可采用这种路线。

第二，渠道型，即货物在预定路线上移动，与来自其他不同地点的货物一起运到同一个终点。当物流量中等或较少而距离为中等或较长时，采用这种路线较为经济。尤其当作业现场的平面布局不规则并较为分散时，也适于采用这种方法。

第三，中心型，即各种货物从起点移动到一个中心分拣处或分发处，然后再运往终点。当物流量较小且距离中等或较远时，选择这种路线较为经济。尤其是作业现场的平面布局基本是正方形且管理水平较高时，采用这种路线能取得较好的效果。

此外，对作业过程的规划还要注意：装卸搬运机械要与货场长度、货位面积等相协调，各种机械设备之间要合理衔接；不同的装卸搬运设备结合使用时，应尽量使其作业速率相等或相近；同时，还要充分发挥调度人员的作用，以保证作业的连续性和作业现场的秩序

(四)选择装卸搬运的工具和设备

如前所述，不同的装卸搬运工具有不同的功能、适用于不同的作业方式、作业对象和作业场所。因此，在组织装卸搬运作业时，要根据作业对象的特点、作业场所的条件，结合不同工具和设备的性能来选择适用的作业工具和作业设备。

(五)组织装卸搬运作业的人员

装卸搬运作业的最终完成必须依靠作业人员对作业设备的操作和控制及对作业规划的贯彻实施。所以，按照一定原则将作业人员与作业设备以一定方式组合起来，是完成装卸搬运任务的保证：装卸搬运作业人员的基本组织形式通常有工序制和包干制两种。

第一，工序制。工序制是按照作业内容或作业工序将人员和设备分别组合成装卸、搬运、堆垛、整理等作业班组，这些班组共同组成一条作业流水线，共同完成装卸搬运作业。

这种人员组织形式的优点是：可以保证作业质量和提高作业效率。一方面，由于按照作业内容进行了专业化分工，因此每个班组的任务较为单纯，有利于作业人员掌握作业技术，提高作业的熟练程度，进而提高劳动生产率；另一方面，因为每个班组的作业内容较为固定，所以就可以配备专用设备，从而有利于对设备进行管理，提高其利用率。

但是，在运用工序制组织作业的条件下，由于同一任务需要由几个班组共同完成，因此，容易出现工序之间衔接不紧密、不协调的情况，并且当作业量不均衡或者各个工序的作业进度不一致时，其综合作业能力和综合作业效率容易受到最薄弱环节的影响。

第二，包干制。包干制是将分工不同的各类人员和功能不同的各种设备组合

在一起，成为一个班组，全面负责装卸搬运作业的整个过程。

这种人员组织形式的主要优点是：作业的协调性和灵活性较强，因为一个班组在班组长的统一指挥下完成装卸搬运作业的各项内容，所以各项工序之间可以较好地进行配合与协调，从而提高作业的连续性。当作业量不均衡时，班组内部可以进行及时调整，具有较强的适应性。同时，由于可以集中进行人力、物力和设备的调配，因此有利于提高综合作业能力。

但是，在同一个作业班组内配置多种作业人员和设备，不利于实现专业化，不利于提高作业人员的劳动熟练程度，从而影响劳动生产率的提高，工序制和包干制这两种人员组织方法各有利弊，需要在装卸搬运作业组织中视具体情况而定。通常，规模较大的装卸作业部门由于人员多、设备齐全、任务量大，可以采用工序制；否则，采取包干制较为有效。

（六）装卸搬运作业的合理化

在组织装卸搬运作业时，要使作业过程的各环节、各要素实现合理化，以提高物流活动的效率，装卸搬运作业合理化的要点如下。

1.防止和消除无效作业

所谓无效作业是指消耗于有用货物的必要的装卸搬运劳动之外的多余的劳动消耗，防止和消除无效作业应注意以下几方面。

①尽量减少装卸搬运次数：在很多情况下，搬运本身可能成为玷污、损坏货物的原因，因此，除非必要，尽量不要移动货物，尽量减少转搬运的次数，这样既可以节约劳动，又可以减少货损。

②避免对无效物质的装卸搬运：在流通过程中，某些货物里可能混杂着没有使用价值的物质，如煤炭中的矸石，因此，要注意保持货物纯度，以避免对其中无效掺杂物进行反复的装卸搬运，浪费劳力和动力。

③避免过度的包装：包装可以起到保护商品的作用，但是，过大、过厚的包装会增加装卸搬运过程中的劳动消耗，所以，不影响商品保护功能前提下的轻便包装有助于减少装卸搬运中的无效作业。

④尽量缩短搬运距离：在条件允许的情况下，要选择搬运距离最短的搬运路线。

2. 提高作业对象的“活性”

所谓“活性”，是指作业对象从静止状态转变为装卸搬运运动状态的难易程度，也即对其进行装卸搬运作业的难易程度，货物的装卸搬运“活性”级别如表 7-1 所示。

表 7-1 货物的装卸搬运“活性”级别

装卸搬运“活性”级别	货物状态
0 级	货物杂乱地堆于地面
1 级	货物已被捆扎或装箱
2 级	捆扎过的货物或箱子下面放有枕木或衬垫，便于叉车或其他机械进行作业
3 级	被置于台车或起重机械上，可以即刻移动
4 级	货物已被移动，正在被装卸或搬运

从理论上讲，货物的“活性”级别越高越好，但同时要考虑到实施的可能性。所以，应在条件允许的情况下，尽量使货物处于“活性”级别较高的状态，例如，将货物整理归堆，将货物包装后置于托盘上等。

3. 充分利用重力和消除重力影响

在装卸搬运作业中，视情况不同而对重力的作用进行利用或消除其影响，也是实现其合理化的途径之一。

在进行装卸搬运时，可以利用货物本身的重量进行有一定落差的装卸搬运，从而达到节省动力的目的。例如，从卡车上卸货时，利用卡车与地面或与小型搬运车之间的高度差，借助溜槽或溜板等简单工具，使货物自动从高处滑到低处，此时就无须消耗动力。

与此相反，在某些情况下需要消除重力的影响，才能达到节约动力消耗的目的。例如，两种运输工具进行换装时，如果从一种运输工具上将货物搬下，再搬上另一种运输工具，则要耗费动力以克服重力的影响。因此，若能设法使两种运输工具靠接，仅使货物做水平移动，就可以消除重力的影响，节约动力。

4. 实现机械化作业

使用装卸搬运机械作业能够将作业人员从重体力劳动中解放出来，实现人力的节省。同时，机械化作业易于实现规模化，也有助于实现标准化，进而提高装卸搬运的作业效率。

5. 尽量使装卸搬运单元化

在装卸搬运作业中，对于包装成件的货物，应尽量对其进行“集装处理”，即按照一定的原则将一定数量的货物汇集起来，成为一个装卸搬运单元，以便充分利用机械进行操作。装卸搬运单元化的优点是：装卸搬运单位大、作业效率高，可以节省作业时间；操作单元的尺寸一致，有利于实现标准化；不必用手触及作业对象，可以避免或减少货损。

6. 创建“复合终端”

“复合终端”是指在不同运输方式的终端装卸场所集中建设不同的装卸设施，以实现合理配置装卸搬运机械、有效联结各种运输方式的目的。例如，在“复合终端”内集中设置水运港、铁路站场、汽车站场等。

“复合终端”对于装卸搬运合理化，乃至物流系统合理化的意义在于：一方面，取消了各种运输工具间的中转搬运，减少了装卸搬运次数，加快了物流速度；另一方面，“复合终端”集中了各种装卸搬运场所，可以实现设备的共同利用，并可以利用规模优势进行技术改造，提高作业效率。

第二节　包装类型与设计

一、包装的概念和功能

（一）包装的概念

在我国《包装通用术语》国家标准中，对包装有明确定义：“所谓包装是指在流通过程中保护商品，方便储存，促进销售，按一定技法而采用的容器及辅助物等的总体名称，也包括为了达到上述目的而进行的操作活动。”

由以上定义可知，在物流活动中，包装这一概念包含了静态和动态两层含义。包装的静态含义是指能够合理容纳商品、保护商品在流通过程中尽可能地免受各种外在不良因素的影响，顺利实现商品价值和使用价值的物体，如用各种包装材料制成的包装容器。而包装的动态含义则是指将商品置于包装物保护之下的工艺操作过程，如对商品进行包裹、捆扎等。

在社会再生产过程中，包装是生产的终点，也是物流的起点。从生产的角度来看，包装是产品生产的最后一道工序，对产品的包装一旦完成，就意味着该产品可以从生产领域进入流通领域。从物流的角度来看，对产品的包装完成之后，该产品就具备了流通的能力，就可以经过装卸搬运、储存、运输等一系列物流活动，最终销售给消费者。

(二)包装的功能

包装在商品流通过程中发挥着重要的作用。保护商品是包装最基本和最主要的功能。在流通过程中，商品不可避免地会受到各种外界因素的影响，具体包括以下几方面。

1.外力的作用

①在商品运输过程中的震动、颠簸和冲击；在搬运装卸过程中的意外跌落；在储存过程中由于堆码摆放层数过多而导致底层商品承重过度等。

②外部自然环境的作用：例如，气温的升高或降低导致产品变质，阴雨天气或有害气体致使商品霉变、生锈等。

③有害生物的作用，例如，鼠、虫对商品的啃咬和蛀蚀；霉菌等微生物对商品的侵害。

这些影响因素有可能损害商品的使用价值。因此，良好的包装可以防止商品在流通过程中受外力作用而破损变形，受环境影响而发生化学变化，防止商品由于异物的混入而受到污染，还可以防止商品的丢失、散失和盗失等。

2.方便流通与消费

包装具有按需要将产品以某种单位集中，即单元化的功能，因此，可以根据商品本身的特性、物流的方式和条件及消费的情况，较为灵活地决定商品的包装单位，并使包装形态、包装材料、包装标识、包装拆卸的难易程度等要素与之相适应，从而为装卸、运输、验收、储存、计量、销售等各个环节的作业及消费者的购买和使用创造方便条件，例如，用桶、罐等包装容器对液态商品进行封装，以便于运输；将零售的小件商品集装成较大的包装单位以便于装卸、搬运和储存、而拆除大包装后即可单件销售，以满足消费者的购买和使用要求；包装容器上的鲜明标记，可以方便物流过程中对商品的识别和清点，关于商品的说明可以指导消费者正确地使用商品。

3.促进商品销售

在销售现场，消费者首先接触到的不是产品本身，而是产品的包装。对产品包装的印象往往会成为消费者对商品的"第一印象"，包装的形态在一定意义上如广告说明一般发挥着宣传产品的作用。同时，精致、美观的商品包装可以增加产品的美感，吸引消费者的注意，唤起消费者美好的感情体验，诱发消费者的购买欲望与购买动机，最终产生购买行为。尤其在商品质量相同的条件下，包装的状况在消费者制定购买决策的过程中发挥着重要的作用。包装的这一功能被形象地比喻为"无声的推销员"。

二、包装的类型

生产和流通领域中的产品种类繁多、性质各异，这就决定了商品包装类型的多样性。因此，可以从不同角度对包装进行分类。

（一）按照包装在流通中的作用分类

按照包装在流通中所发挥的作用不同，可以将其划分为工业包装和商业包装。

1.工业包装

工业包装又称运输包装，是以方便运输、储存和保护产品为目的的包装。工业包装的显著特点是：首先，包装的材料、尺寸和结构要具有一定的抵御外界不良因素侵害的能力，以确保产品在运输过程中的安全性，其次，包装物的外部必须有明确的包装标识，如"小心轻放""请勿倒置"等储运标识；易燃易爆等危险品标识。此外，还要标明产品的品名、重量、体积、规格、件数、生产厂家、发运地、到达地等，以便于储运过程中对商品的识别和正确操作，并确保商品能正确无误地运至目的地。

2.商业包装

商业包装又称销售包装，是以促进商品的销售为主要目的的包装。作为与消费者最为接近的包装，商业包装的特点是：首先，包装单位和大小适合于顾客的购买量要求和销售现场的陈列要求。其次，外形美观，能体现商品的形象和特点，以吸引消费者，促发购买行为。再次，突出商品的商标，一方面便于消费者识别商品；另一方面也有助于树立企业形象。此外，商业包装外部还有必要的文字说明，如产品的成分、功能和使用方法等，以方便消费者购买和使用。

（二）按照包装的层次分类

按照包装的层次和防护要求可以将包装划分为个包装、中包装和外包装。

1. 个包装

个包装又称小包装，是与商品直接接触的包装。在生产过程的结束阶段，个包装往往与商品装配成一个整体，随同商品一起销售给顾客，因此属于销售包装。个包装的主要作用是直接保护、美化、宣传商品，促进销售。

2. 中包装

中包装又称内包装，是将若干个单体商品或包装组合成一个相对较小的整体包装。中包装通常介于个包装与外包装之间，在商品销售过程中，中包装的一部分有可能随商品出售，一部分则在销售中被消耗掉。中包装的主要作用是进一步保护商品，方便商品的分拨和销售过程中的点数、计量，方便包装组合等。

3. 外包装

外包装又称大包装，是商品的最外层包装。外包装的主要作用是保护商品，方便运输、装卸和储存，因此属于运输包装。

（三）按照包装的使用次数分类

按照使用次数不同，可将包装划分为一次用包装、多次用包装和周转用包装。

1. 一次用包装

一次用包装是仅仅使用一次、不再回收复用的包装。这种包装往往随同商品出售或在销售过程中被消耗掉绝大多数销售包装，属于一次用包装。

2. 多次用包装

多次用包装是指回收后经过一定的整理或加工，仍然可以重复使用的包装。

大部分商品的运输包装和一部分中包装可以多次使用。

3.周转用包装

周转用包装是指生产企业和销售企业固定地用于周转、多次重复使用的包装,如装运啤酒的塑料包装箱。

(四)按照包装容器分类

第一,按照包装容器的结构不同,可将包装划分为固定式包装和可拆卸折叠式包装。固定式包装的形状、尺寸等固定不变;可拆卸折叠式包装在空置时可以通过拆卸、折叠缩小包装物本身的体积,从而便于对其进行返运和管理。

第二,按照包装容器的抗变形程度不同,可将包装划分为硬包装、半硬包装和软包装:硬包装也称刚性包装,这种包装的材质较为坚硬但缺乏弹性,因此包装容器不易变形。软包装又称柔性包装,这类包装的材质具有一定的韧性和弹性,包装容器的形状也可以发生一定的改变。半硬包装是介于硬包装和软包装之间的包装。

第三,根据产品的特性不同,可将包装划分为特种商品包装和普通商品包装,特种商品包装是指根据某些特殊商品的特殊性质或特殊的重要性有针对性地设计的包装,例如,工艺美术品、文物、军需用品等,这些物品的包装在抗压、抗震和抗冲击等方面有高于其他商品包装的要求。普通商品包装则是指除特殊商品以外的一般商品的包装。

三、包装的设计

包装设计是指根据商品的品质特性、性能特点,针对商品流通的需要,对商品包装的形体结构、材料选择、生产工艺方案进行设计的过程:合理的包装设计是包装功能在流通各个环节得以充分发挥的前提。

通常,包装设计应遵循两个基本原则,即实用性原则和节约性原则。所谓实用性原则是指商品包装要满足使用功能的要求,要能够保护商品不受损坏,要方便流通和消费;节约性原则是指在保证其基本功能的基础上,设计商品包装时要节约包装材料和包装费用,以降低物流成本。

(一)包装设计的基本要求

1.包装的结构要牢固

商品在物流过程中不可避免地要受到诸如冲击、碰撞等外界不良因素的侵害,从而造成损坏,因此,包装材料的选择和包装结构的设计要能够在一定程度上抵御这些不良因素的影响,保护商品。

2.包装容器要具有适应性和方便性

包装容器的材料要与产品的特性相适应,不能影响产品质量。

3.包装的形状、规格要规范

包装的形状和规格应尽量按照公认的标准进行设计,以方便物流作业,充分利用储运设备,提高物流效率。

4.包装的制作要相对简单

包装物的制作不宜过于复杂,能够满足商品流通要求即可,以减少资源的浪费。

(二)包装容器设计

包装容器是产品包装的主要部分,设计时要考虑产品本身、流通过程、消费者心理等多方面的因素,使其符合以下要求。

1.材料的选择要合理

包装容器的首要作用是保护商品免受损害,因此,要根据被包装商品的特性及储运过程的要求来选择不同的包装材料,例如,如果商品在储存时采用高垛,就要选择强度高的包装材料,以防止商品被压坏;如果采用低垛或货架进行储存,包装材料的强度可以适当降低。

2.造型结构要科学

在设计包装容器的造型结构时,要考虑内装商品的性质、形状及运输、储存条件，根据力学原理，设计抗压力强、缓冲性能和防震性能好的结构造型，同时还要注意商品在包装容器内的合理排列，尽量缩小容器体积。

3. 质量、规格要符合标准

包装容器的质量应达到一定标准，要避免容器变形、变质、漏气等情况的出现。包装容器的重量、规格尺寸也要符合物流作业的要求，以便于进行装卸和运输，例如，在主要采用手工装卸方式的条件下，包装的重量必须限制在人工能力限度之内，不可过重，也不可过轻；其外形、尺寸也要适合手工操作。在运输时，如果是路况较好的短途运输，则可采用较为轻便的包装，如果进行长距离的联运，就要采用较为厚实、严密的包装。

4. 商业包装要适应商品销售的需要

对于商业包装而言，设计时除了考虑商品保护功能以外，还要注意发挥其促进销售的作用。因此，要使包装容器的形状、外观在销售现场的陈列展示中能突出商品的特点，便于消费者进行识别；包装容器的结构要便于消费者携带、开启和使用。对于跨国销售的商品，包装的设计还要符合不同国家民族文化、宗教信仰、消费习惯等方面的要求。

（三）包装合理化和标准化

实现包装的合理化和标准化也是包装设计中应该考虑的问题。所谓包装的合理化是指在包装过程中使用适当的材料和技术，制成与被包装商品相适应的容器，使其既满足保护商品、方便流通与消费的要求，又能达到节约包装费用、降低包装成本、提高包装的经济效益的目的。包装合理化是物流合理化的重要组成部分，其要点如下。

1. 包装轻薄化

由于包装只是起保护作用，对产品使用价值没有任何意义，因此在强度、寿命、成本相同的条件下，更轻、更薄、更短、更小的包装，可以提高装卸搬运的效率。而且，轻薄短小的包装一般价格比较便宜，如果是一次性包装，也可以减少废弃包装材料的数量。

2.包装模数化

确定包装基础尺寸的标准，即包装模数化。包装模数标准确定后，各种进入流通领域的产品都按照模数规定的尺寸包装。模数化包装有利于小包装的集合，有利于集装箱及托盘的装箱、装盘。包装模数还应与仓库设施、运输设施尺寸模数统一化，以利于运输与保管，提高作业效率。

3.包装机械化

包装机械化是指对装箱、封口、捆扎等外包装作业的机械化操作。包装机械化对于提高作业效率和包装现代化水平起着重要的作用，因此不断开发新型的包装机械是包装合理化的重要途径之一。

4.防止包装不足或包装过剩

由包装强度不足、包装材料不足等因素造成的商品在流通过程中的损耗不可低估，而包装强度设计过高，保护材料选择不当造成的包装过剩，则会带来资源的浪费和包装成本的增加。

包装的标准化是指对产品包装的类型、规格、容量，使用的包装材料、包装容器和结构造型、印刷标志及产品的盛放、衬垫、封装方式，名词术语，检验要求等加以统一规定，并贯彻实施的政策和技术措施。

实现标准化，一方面可以增强包装的通用性，减少生产和流通过程中更换机器规格尺寸和印刷标志的时间，提高效率，使产品包装整齐美观，有利于促进销售；另一方面也是包装机械化和国际贸易发展的客观要求。

（四）绿色包装

绿色包装是指无害、少污染的符合环保要求的各类包装物品，应符合“3R1D”标准，即减量化（reduce）、重复使用（reuse）、再循环（recycle）、可降解（degradable）。也就是说，绿色包装应符合节省材料、资源和能源，废弃物可降解，不致污染环境，对人体健康无害等方面要求，绿色包装是包装合理化的发展主流。因此，在包装设计中，要充分考虑环保的要求，尽量选择对周围环境无污染的包装材料，尽量设计可重复利用或可周转使用的包装容器，同时也要制订针对包装废弃物处置、空包装容器回收的合理方案。

第三节　包装材料与包装技术

一、包装材料和容器

常用的包装材料有纸和纸板、木材、金属、玻璃、塑料及各种复合材料。

(一)纸和纸制包装容器

纸质包装材料是指各种纸和纸板,其在包装材料中的应用最为广泛。根据不同的要求,纸质包装材料可以用于商品的内包装、中包装和外包装。

1.纸质包装材料的特点

纸质包装材料质地细腻、均匀,本身重量较轻,成型性和折叠性优良,容易黏合,易于印刷和加工;无毒、无味,容易达到卫生要求;其废弃物可以回收复用和再生,既不污染环境又节约资源。但是,纸质包装材料也具有一些弱点,例如,难于封口,防潮性、气密性、透明性差等。

2.纸质包装材料的类型

纸属于软性薄片材料,难以形成固定形状的容器,因此,常用于裹包、衬垫或制成各种纸袋,而纸板则具有一定的刚性,能够制成各种固定形状的容器。主要的纸和纸制品有牛皮纸、玻璃纸、沥青纸、板纸、瓦楞纸和羊皮纸。

(二)木材和木制包装容器

木材是一种传统的包装材料,应用范围也较为广泛,但由于其资源有限,因而在某些领域逐步为塑料、复合材料等所取代。

1.木质包装材料的特点

木材具有一定的弹性,能够承受冲击、震动和重压;加工较为方便,无需复杂的加工机械;可以加工成胶合板,在减轻包装本身重量的同时,扩大了木材应用的范围。但是,作为天然材料,木材容易吸收水分、变形开裂、腐败,还容易受白蚁蛀蚀。这些缺点在一定程度上限制了木材在包装中的应用。

2. 木质包装材料的类型

常用的木质包装材料包括天然木材和人造木材。包装容器主要有以下几种。

①木箱。使用各种木材制成的箱状包装容器，在商品流通中使用的广泛程度仅次于瓦楞纸箱。木质包装箱主要有钉板箱、捆板箱、框架箱等类型。

②木桶，是一种传统的木质包装容器。由于木桶能够耐盐碱的腐蚀，不变味、不变色，因此，常常用于盛装酒、醋等液体商品。木桶的制造成本较低，可以回收，反复使用，并且圆形的木桶在搬运时可以滚动，能够减少人力消耗。

（三）金属和金属包装容器

金属包装材料是将金属压制成薄片用于制作各种包装容器，其主要形式是薄板和金属箔。

1. 金属包装材料的特点

金属材料具有良好的延展性、易于加工成型；不易破碎，密封性好，能有效地保护内装商品；可以再生，能够重复使用；金属包装容器外表的光泽具有一定的装潢效果，有利于发挥包装促进销售的功能。但是，金属包装材料具有成本高、易生锈、在储运过程中易变形等缺点，所以其使用受到一定的限制。

2. 金属包装材料的类型

主要的金属包装材料是镀锡薄板、涂料铁和铝合金镀锡薄板俗称马口铁，它除具有一般钢板的优点以外，还具有很强的耐腐蚀性，可以较长时间地保存食品，因而主要用于制造高档的罐形容器。常用的包装容器有以下几种。

①金属罐，是由金属薄片（马口铁或铝箔）拉伸而成的罐状包装容器。常用的金属罐根据制作工艺的不同分为“三片罐”和“两片罐”。“三片罐”是由筒形罐身、罐盖和罐底三片马口铁制成。“两片罐”俗称“易拉罐”，是由一片金属拉伸而成。

②铝箔软管，是用铝箔加工制成的管状包装容器，由于具有空气不易侵入、挤压操作方便、卫生、携带方便等特点，铝箔软管多被用于膏脂状产品的包装，如化妆品、牙膏、药品等。

③金属桶，是用金属材料加工而成的桶状包装容器，主要用作以石油为主的非腐蚀性半流体、粉状、固体商品的运输包装，如煤油、汽油、各种染料等。

(四)玻璃和玻璃包装容器

玻璃在包装中的应用十分广泛,其基本材料是石英、烧碱和石灰石。

1. 玻璃包装材料的特点

作为包装材料,玻璃具有多项优点:①质地较为坚硬,不易变形;②化学稳定性好,耐风化、耐热、耐酸、无毒无异味,比较适合包装液体产品;③透明性好、易于造型,有利于对产品的美化和宣传;④玻璃包装容器可以回收复用,便于清洗、消毒、灭菌,且一般不易造成污染。但是,玻璃包装材料也有许多缺点,如耗能高、易破碎、自身重量比较重等。

2. 玻璃包装材料的类型

常用的玻璃包装材料有普通瓶罐玻璃和特种玻璃。玻璃包装容器主要用于包装片状产品、颗粒状产品、粉末状产品、各种液态产品(包括黏性液态产品、易挥发的液态产品、含气体的液态产品)、半固体产品等。

(五)塑料和塑料包装容器

塑料是随着科技的发展、新材料的使用而出现的一种现代包装材料。由于其自身的特性,塑料容器被广泛地用于各种商品的包装。

1. 塑料包装材料的特点

塑料包装材料具有以下优点:①物理机械性能良好,具有一定的强度和弹性,耐折叠,抗震动;②化学稳定性好,耐酸碱,耐化学试剂,耐油脂,防锈蚀;③容易加工成型,实现多样化,制成的包装容器自身重量较轻;④透明性较好,且表面具有一定光泽,易于印刷且具装饰性,能够起到美化商品的作用,但是,塑料包装材料的强度不如钢铁,耐热性也不如玻璃,且在外界因素的长期作用下容易老化;有的塑料有异味,废弃物难以处理,易产生环境污染。这些不足在一定程度上限制了塑料包装材料的应用。

2. 塑料包装材料的类型

常用塑料包装材料有聚乙烯、聚丙烯、聚苯乙烯、聚氯乙烯和钙塑材料等。

常用的塑料包装容器有以下几种。

①塑料袋,通常用作软包装,是用塑料薄膜黏合成的袋状包装容器。它可以

用来包装粉状、块状、粒状的干燥商品，如面粉、糖果、水泥、化肥、洗衣粉等。用作包装食品的塑料袋必须采用无毒塑料制作，如聚丙烯。

②塑料编织袋，主要用于包装水果、蔬菜等商品，因此，一般采用聚丙烯制成。塑料编织袋的重量轻、透气性好，携带也较为方便。

③塑料软管，是采用塑料、铝箔和纸等复合材料制成的管状包装容器，主要用于包装膏脂状商品

④塑料瓶，是采用中空吹塑成型工艺，利用聚丙烯和聚酯等无毒塑料树脂加工而成的瓶状包装容器，主要用于包装液体商品，如饮料、牛奶、化妆品等。

(六)复合包装材料

复合包装材料将两种或两种以上具有不同特性的材料，通过一定的方法复合在一起，其目的是避免单一包装材料的缺点，充分发挥各种材料的优点。复合材料在现代商品包装领域有广泛的应用。目前使用较多的是薄膜复合材料，主要有纸基复合材料、塑料基复合材料和金属基复合材料等。

(七)包装辅助材料

除了主要的包装材料以外，各种辅助材料在包装过程中也发挥着重要作用。常用的包装辅助材料有以下几种。

第一，黏合剂、黏合带，主要用于包装袋和包装箱的封口，如淀粉、胶、聚氨酯、橡胶带和热敏带等。

第二，捆扎材料，主要用于打捆、压缩、包扎、缠绕、保持形状等，如草绳、麻绳、纸绳和塑料绳。

二、包装技术

不同特性的商品、物流活动的不同环节对包装的要求各不相同，因而所采用的包装技术和方法也有差别。

(一)基本包装技术

1. 放置、固定和加固

放置是将商品放入包装容器的技术，通常要根据商品的特性、形状进行放置。

合理地放置商品可以缩小包装整体的体积，节约包装材料。对于薄弱的产品要进行加固或固定，商品之间要进行合理的间隔，以避免商品在装卸和运输过程中晃动或相互碰撞而造成的损失。

2.压缩

主要是对松泡产品进行处理的包装技术。松泡产品要求的包装容器容积较大，不利于对运输工具和储存场地的合理利用和储运费用的节约，因此，对松泡产品进行压缩，可以大大缩小其体积，进而提高该类商品的物流效率。

3.捆扎

通常是针对外包装使用的包装技术，主要是将单个或数个经过包装的商品捆紧或扎紧，以便进行装卸、运输和储存。捆扎在一定程度上可以起到加固包装容器、保护内装商品、压缩容积、节约物流费用的作用，同时也可以防止商品的盗失。

（二）特殊包装技术

1.防震包装技术

防震包装技术也称缓冲包装技术，是为了防止商品在储运过程中由于外部冲击、震动的影响而受到损害的包装技术。

防震包装设计的重点是确定防震材料的种类和厚度。在设计上，还要考虑成本问题。选择不同的材料，设计不同的衬垫形状都会影响成本。防震包装主要有全面防震包装、部分防震包装和悬浮式防震包装三种。

2.防潮包装技术

防潮包装技术即采用低透湿度或透湿度为零的包装材料包装商品，将商品与外界潮湿大的气相隔绝，使包装内的相对湿度符合产品要求，从而确保被包装商品的质量不因潮气的侵入而发生变化。通常采取的措施是用刚性容器密封包装，加干燥剂密封包装，不加干燥剂密封包装，多层密封包装，复合薄膜真空包装等。聚乙烯、聚丙烯、聚氯乙烯等材料均可用于防潮包装。

3.防霉包装技术

食品和某些有机化合物商品在物流过程中，表面可能生长霉菌，如遇潮湿环境，霉菌生长繁殖速度极快，容易引起商品腐烂变质。因此，在包装过程中要采取相应措施防止商品的霉变。防腐包装技术的基本原理是通过控制某一不利的环境因素，从而抑制或杀死微生物，保护包装容器内的商品质量。这种包装技术主要适用于各种食品。

4. 防锈包装技术

防锈包装技术的基本原理是在包装前将各种防锈剂涂抹于商品表面，以隔离大气中的氧、水蒸气及其他有害气体，从而起到保护商品的作用。常用的防锈剂有防锈油和气化性防锈剂两大类。前者是在防锈矿油中加入防锈添加剂制成的产品，后者则是一种在常温下容易挥发的物质，其挥发出来的气体充满包装容器内的每一个角落，同时吸附在产品表面，从而抑制大气对金属制品的锈蚀作用。

5. 防虫害包装技术

防虫害包装技术是通过在包装容器中放入带有一定毒性和臭味的药物，利用其在包装内挥发的气体驱除或杀灭各种害虫，以保护商品不受损害。常用的驱虫剂有樟脑精等；杀虫剂有安妥、狄氏剂、六六六粉等。

6. 收缩包装技术

收缩包装是使用收缩薄膜（一种经过特殊拉伸和冷却处理的聚乙烯薄膜）包裹产品或内包装件，然后对薄膜进行适当的加热处理，使薄膜收缩从而紧贴产品或内包装件。收缩包装可以突出被包装物的形状，质感性强，且包装方便，便于储存和搬运，方便点验，因此，既可以用作销售包装，也可以用作运输包装。

7. 拉伸包装技术

拉伸包装技术是由收缩包装发展而来的。具体操作方法是依靠机械装置在常温下将弹性薄膜围绕被包装物进行拉伸、紧裹，然后在其末端进行封合，由于不需要加热，因此进行拉伸包装所消耗的能源仅为收缩包装的 1/20。

三、产品集装化和集合包装

（一）产品集装化和集合包装的概念

产品集装化也称组合化或单元化，是一种先进的现代包装技术，是集装运输的基础，它是指将一定数量的散装物品或零星的成件物品组合在一起，在装卸、运输、保管等物流环节中作为一个整件进行技术和业务处理的包装方式。

集合包装则是指将若干相同或不同的包装单位汇集起来，组成一个更大的包装单位或装入一个更大的包装容器内的包装形式。产品的集合包装是实现集装运输的条件。

(二)集合包装容器

在集装运输中常用的集合包装容器有集装箱、托盘和集装袋。

1.集装箱

集装箱也称为“货箱”或“货柜”，是一种专门用于货物运输，便于进行机械装卸的大型组合包装容器。国际标准化组织在《集装箱术语》中规定，集装箱应符合以下要求。

①具有足够的强度，能够长期反复使用；

②适合以一种或多种运输方式运送，且在途中转运时箱内货物不需换装；

③具有便于进行快速装卸和搬运的装置，并且可以直接从一种运输工具方便地换装到另一种运输工具上；

④设计时应考虑便于货物的装满和卸空；

⑤具有1立方米和1立方米以上的容积。

按照集装箱的用途，可以将其分为通用集装箱和专用集装箱。具体有以下几种。

①杂货集装箱，又称干货集装箱，是一种通用集装箱。其适用于对运输条件无特殊要求的干杂货进行成箱、成件的集装运输，应用范围极广。

②散货集装箱，是一种密闭式集装箱，通常适用于装载散堆颗粒状、粉末状产品，如豆类、谷物、硼砂等。这种集装箱顶部的装货口通常要设置水密性良好的盖，以防止水浸入箱内，损害货物。

③冷藏集装箱，是一种专用集装箱，适用于装载运输途中需要保持一定温度的冷冻货物或低温货物，如鱼、肉、新鲜水果和蔬菜等。目前，国际上采用的冷藏集装箱通常有两种：一是箱内带有冷冻机的机械式冷藏集装箱；二是箱内无冷冻机，只有隔热结构，需要由运输工具上的冷冻装置供应冷气的离合式冷藏集装箱。

④开顶集装箱，是一种顶部能够开启，吊机可以从箱子上面进行货物装卸的集装箱：这种集装箱在装卸过程中不易造成货物损坏，而且便于货物在箱内的固

定，因此，尤其适用于装载大型、重型货物，如钢材、木材及玻璃板等易破碎的重货。

⑤框架集装箱，即没有顶部和左右侧壁，箱端也可以拆卸的集装箱。由于可以从框架集装箱的侧面进行货物装卸，因此特别适用于装载又长又大的笨重产品，如起重机、钢材等。

⑥罐状集装箱，适用于装载流体货物，如酒、食品、药品、化工产品等。它由罐体和箱体框架两部分组成，罐的顶部通常设有水密的装货口，在卸货时，流体货物靠重力的作用由排出口自行流出或者由装货口吸出。

⑦牲畜集装箱，专门用于装载活的动物，具有特殊的结构。

集装箱装卸的优点有以下几方面：

①提高装卸效率，加速周转，降低货运成本。

集装箱运输是将单件货物集合成组，装入箱内，使运输单位加大，便于机械操作，从而大大提高装卸效率。如一个20英尺的国际标准箱，每一循环的装卸时间仅需3分钟，每小时可装卸货物400吨，而传统货船每小时装卸货物仅为35吨。因此，采用集装箱运输可提高装卸效率11倍。又如，一艘万吨级船舶，按传统方式装卸，需在港停泊10天左右；采用集装箱运输，只需24小时，缩短装卸时间可达90%，因而加速了车船周转，提高了车船的营运率，降低了运输成本。同时，由于装卸效率的提高，非生产性停泊时间缩短，码头和车站使用率随之提高，从而扩大了吞吐能力。此外，由于装卸机械化，还可以大大减少装卸工人的劳动强度。

②提高货运质量，减少货损货差。

集装箱结构坚固，强度很大，对货物具有良好的保护作用，即使经过长途运输或多次换装，也不易损坏箱内货物，而且一般杂货集装箱既不怕风吹、日晒、雨淋，也不易中途被偷窃。如我国出口日本的金鱼缸和其他瓷器，用传统方式运输破损率高达50%，而采用集装箱运输和装卸后，降为0.5%，基本保证了货物的完整无损。

③节省货物的包装材料。

货物在集装箱内，集装箱本身实际上起到一个强度很大的外包装作用。货物在箱内由于集装箱的保护，不受外界的挤压、碰撞，因此，货物的外包装可大大简化。有些商品甚至无需包装，如目前国际上运输成衣服装，可采用衣架集装箱。这种集装箱专门设计装置，有一排排挂衣架供服装直接吊挂，无需任何包装。集装箱运达目的地后，收货人可以从箱内取出服装，无需重新熨烫平整即可直接上架销售，既节省包装用料和费用，又能使商品及时供应市场。据统计，其包装费用一般可节省50%以上。

2. 托盘

托盘也称集装托盘、集装盘，是由盛载单位数量物品的负荷面和叉车口构成的水平平台装置。托盘是一种特殊的包装形式，具有和集装箱类似的作用。与集装箱相比，托盘具有自重量小、返空容易、装盘容易、节省包装材料等优点，但是其对产品的保护性不如集装箱，并且露天存放困难。

托盘按照结构形式可以分为以下几种。

①平托盘，是托盘中使用量最大的一种，属于通用型托盘，具体按照承托货物的台面又可以分为单面使用型和双面使用型，按照叉车叉入方式可以分为单向插入型、双向插入型和四向插入型。

②柱式托盘，是在平托盘上安装四个固定式或可卸式的立柱的托盘。这种结构的托盘能够防止袋装货物在运输、装卸过程中发生滑落，在无货架堆码时可以保护最下层货物不受损害。

③箱式托盘，是在平托盘上部安装箱式容器的托盘，通常分为可卸式、固定式和折叠式三种。这种托盘可以将形状不规则的产品进行集装以方便运输，并且可以防止塌垛，主要适用于装载瓜果、蔬菜等农产品。

④轮式托盘，是在平托盘或箱式托盘下部装有四个小型轮子的托盘。这种托盘可以利用轮子做短距离运动，因此在某些情况下可以兼做搬运车辆之用。

托盘作业的优点有以下几个方面。

①装卸效率高

使用托盘作业可以大大缩短装卸时间，提高效率。用机械一次装卸较多数量的货物，可以缩短作业时间和节省劳动力。由于装卸时间缩短，可以缩短这些运输工具的停留时间，提高其利用率。而且由于使用叉车，可使高层堆垛便利迅速，并能有效利用空间。由于托盘作业的装卸机具一般是移动式的，因此，可以通过机动运用这些设备来提高其利用率。因为是集装单元货物，减少了货物装卸次数，从而可以避免较大的损失。由于托盘的自重量小，因此，在货物的装卸、运输中托盘所消耗的劳动较少，与集装箱相比，无效运输及装卸相对较少。

②可实行货物统一集装化

尽管货物的品种和形状不一，但一旦码放在托盘上，就变成完全同样的统一集装货物，从而可以有计划地实行标准化作业，提高作业效率；也可以把货物放到输送线上，实现搬运自动化。不仅同一品牌的大量货物可以运用托盘系统，多品种货物同样适用。只要把多个托盘按不同的货物品种或按运往地点分开，就不会造成货物混杂的现象，而且保管场地也容易整理。

③搬运灵活

托盘装载货物，经常处于移动货物的状态。若用人力逐件搬运，必须小心，防止货物破损。但装在托盘上的货物，只要有机械，就可以简单地把全部集装货物一次搬动，即使是经过多次搬运，货物也比较安全。这对出入库作业频繁、保管多品种货物的中转仓库而言，可以大大提高保管效率。同时，在货物流通过程中各交接点的调配工作也比较容易进行。

④有利于保护货物

码放在托盘上的货物，不需逐件搬动，从而可以防止货物的破损、污损、丢失、混装等现象。码盘货物的包装可以简化，或者不用单件包装而把货物包装的本身做成托盘单元大小。这样可以更加节约包装费用。码放在托盘上的货物在储存时可以防止受潮和损坏。需要通风的货物，装在托盘上码垛起来效果也较好。

托盘作业的缺点及解决方法如下。

①间歇作业时有窝工的可能

当一个托盘正在码货或在载货托盘和空托盘互换期间，必须停止装卸作业。解决这个问题的方法之一是同时使用各种装卸搬运机械。另一种方法是保持一些暂时的储备量。在货物流通过程中，有意识地积存一定数量的货物，就不会窝工，可以均衡作业。

②运输工具的装载量减少。

如果把旧式的包装货物码放在托盘上，单是托盘自身的体积和重量，就会减少运输工具的货物装载量。为解决这个问题，首先应考虑改进货物的包装方法。由于采用托盘码货，必须简化货物包装，这样就可以提高货物装载量。同时，也应当使托盘、货物、包装和运输工具等的各项尺寸互相配合，也就是通过系列化来消除浪费的空间。

③托盘管理问题

物流企业实行托盘作业必须有很多托盘，还应有制造、保管和修理托盘的业务，特别注意的是，必须防止托盘丢失。托盘在一个工厂、仓库、车站或企业内部使用，其管理难度不大。但在流通过程中，托盘势必要从一个企业运到另一个企业。一般来说，托盘一旦运出，保管就比较困难，也难按要求返回。管理这些托盘的方法是在使用企业之间实行交换制度，进一步发展为托盘联营制度。

④作业环境要求

使用托盘进行装卸搬运作业需要较好的路面、较宽的通道等。修好路面以便于叉车及其他车辆运行是进行托盘作业的先决条件，还可以配合使用其他装卸机械，如输送机、起重机等。

第三，集装袋。集装袋是一种用可折叠的涂胶布、树脂加工布及其他软性材料制成的大容积软性包装容器，尤其适用于对散装粉粒状产品进行集装，可以使散装货物实现规格化、系列化，从而降低运输成本。

第四节　流通加工管理

一、流通加工的概念和作用

（一）流通加工的概念

流通加工是物品在从生产领域向消费领域流动的过程中，根据需要对其施加的包装、分割、计量、分拣、组装、价格贴附、标签贴附、商品检验等简单作业的总称。

与生产加工相比，流通加工具有以下特点。

第一，流通加工的对象是进入流通领域的具有商品属性的产品，而生产加工的对象则是原材料、零配件和半成品。

第二，大多数的流通加工都是简单加工，而非复杂加工。一般来说，如果需要复杂的加工过程才能形成人们所需的商品，那么就应专设生产过程完成这种加工。所以，流通加工对生产加工而言是一种辅助和补充，而非对生产加工的取代。

第三，从价值观点来看，生产加工创造了商品的价值和使用价值，而流通加工则旨在完善商品的使用价值，并在不改变产品的物理化学性能的情况下提高其价值。

第四，生产加工的组织者是从事生产活动的人，从加工单位来看则是生产企业；而流通加工的组织者则是从事流通工作的人，从加工单位来看是流通企业。

第五，商品生产是为了交换和消费，流通加工的目的之一也是消费，在这一点上，生产加工与流通加工有相似之处，但是，在有些情况下，流通加工的进行仅仅是以方便流通为目的，纯粹是为流通创造条件。因此，这种为流通而进行的加工在目的上与直接为消费而进行的加工有着明显差异，二者的比较如表 7－2 所示。

表 7-2　流通加工与生产加工的比较

项目	流通加工	生产加工
加工的对象	具有商品属性的商品	原材料、零配件和半成品
加工的程度	简单加工	复杂加工
对商品价值的创造	创造商品的价值和使用价值	完善商品的使用价值，提高其价值
加工的组织者	流通企业的作业人员	生产企业的工人
加工目的	交换和消费	消费、流通

(二)流通加工的作用

流通加工发挥的作用如下。

1.弥补生产加工的不足

产品，尤其是生产资料的品种、规格、型号极为复杂，很难完全做到产品统一标准化，并且产品生产企业众多、分布面广，其技术水平差别也较大，加之社会需求的多样性和复杂性，往往导致生产企业无法完全满足客户在产品型号、规格上的需要。因此，通过流通加工，按照客户需求对产品进行处理能够弥补生产加工的不足。

2.方便客户

在流通加工产生以前，将产品进一步加工，使其能够满足使用要求的活动通常要由使用单位自己完成。因此，客户不得不安排一定的人力、物力和财力对所购产品进行加工。而流通加工的产生使得这种加工从生产和使用领域独立出来，由流通企业根据客户的需要来完成，从而为使用单位(即客户)提供了方便。

3.为流通企业增加收益

流通企业的利润一般是从生产企业转移而来，从事流通加工在一定程度上可以创造新价值，这样，流通企业不仅能获得生产企业转移过来的利润，而且可以获得流通加工带来的收益。

4.为配送创造了条件

配送是流通加工、整理、拣选、分类、配货、末端运输等一系列活动的集合。流通加工则是配送过程中其他活动的基础，是配送的前提。

二、流通加工的类型

（一）以弥补生产领域加工不足为目的而进行的流通加工

由于技术、生产规模等因素的限制，许多产品在生产领域只能被加工到一定程度，而不能完全实现终极加工。所以，进一步的加工成型就要依靠流通加工来完成。例如，对木材的集中开木下料。由于木制品本身的特点，如果木材在产地完成成材制成木制品的话，就会给运输造成较大的困难。所以，在原产地，木材仅能被加工到原木、板方材这一程度，进一步的下料、切裁等要由流通加工完成。而在流通加工点则可以将原木锯成各种规格的锯材，将碎木、碎屑集中加工成各种规格板，还可进行打眼、凿孔等初级加工，以满足不同的使用要求。因此，这种流通加工实际是对生产加工的进一步完善，能够弥补生产加工的不足。

（二）以满足需求多样化为目的而进行的流通加工

由于需求具有多样性和多变性的特点，从事大规模生产的企业很难使产品完全满足不同客户的使用要求，因此，客户往往根据自身需要自行对产品进行加工，例如，许多生产消费型用户的再生产往往是从原材料的初级处理开始的。这种初级加工如果由流通加工来完成，用户即可缩短生产过程，集中力量从事技术性较强的劳动。例如，平板玻璃的“集中套裁、开片供应”就可以按用户提供的图纸统一套裁开片，向用户供应成品，用户可以将其直接安装到采光面上。所以，这类流通加工带有服务的性质。

（三）以提高物流效率、方便物流为目的而进行的流通加工

在流通过程中，一些产品自身的形态决定了难以对其进行物流操作：例如，将造纸用的木材磨制成木屑并进行压缩的流通加工，由于木材的重量轻，所占容积大，在运输时常常使车船满装而不能满载，因此，可以将造纸用的木材在林区就地磨成木屑，并将其压缩成容重大、容易装运的形状运送到离消费地较近的造纸厂。此外，鲜鱼、鲜肉等生鲜产品的装卸、储运也较为困难；大型设备、气体产品的装卸搬运也有一定难度，通过对鲜鱼、鲜肉进行冷冻，对大型设备进行解体，对气体产

品进行液化等流通加工活动，可以使物流活动的各个环节容易操作。这一类流通加工可以方便物流作业，提高物流效率。

（四）以保护产品为目的而进行的流通加工

在物流活动的每一个环节都存在产品保护的问题。为了保证产品在装卸搬运、运输、储存等过程中不受损害，可以对产品进行稳固、改装、冷冻、保鲜、涂油等流通加工活动。

（五）以促进销售为目的而进行的流通加工

对于即将进入销售领域的产品，可以通过各种形式的流通加工使其便于销售。具体包括对大包装或散装的商品进行分装加工，使其成为符合消费者购买要求的小包装；将运输包装改换成为有装潢的、美观的销售包装；对农、牧、副、渔等产品进行精加工，去除无用部分，甚至将其进行切分、洗净、封装等加工，便于消费者的购买和使用；将零部件在消费地组装成用具、车辆进行销售，如自行车的装配通常就是在销售地完成的。

（六）以提高加工效率为目的而进行的流通加工

许多生产企业的初级加工由于数量有限而导致加工效率不高，也难以采用先进的加工技术。通过集中形式的流通加工，以一家流通加工企业替代若干生产企业的初级加工工序，能够实现规模效益，采用先进的技术，从而大大提高加工效率，如钢板的剪切和下料加工。许多钢板板材在交货时尺寸规格都比较大，有的是成卷交货，在使用钢板的企业中，大型企业由于用量大，可以购置专门的剪板和下料加工设备，按其使用需要进行加工。而用量较小的企业和大多数中小企业，如果自行购置剪板、下料设备则会面临长时间闲置设备、浪费人力资源、不容易采用先进技术的状况：因此，通过在固定地点设置剪板机进行下料加工或设置各种设备将较大规格的钢板裁小或裁成毛坯，可以降低销售起点，便利用户，并且这种集中加工可以保证加工批量和作业的连续性，也可以专门研究此类加工技术并有条件地采用先进设备，从而大幅度地提高加工效率。

（七）以提高原材料的利用率为目的而进行的流通加工

利用流通领域的集中加工替代各使用部门的分散加工，可以进行集中下料，做到优材优用、小材大用、合理套裁,进而提高原材料的利用率,减少浪费损失,集中搅拌供应混凝土就属于此类情况。传统的混凝土使用方法是将粉状水泥提供给用户,由用户在工地按使用需要现制现拌而改变这一习惯做法,将粉状水泥输送到使用地区的流通加工点进行搅拌,制成商品混凝土,然后再供给各个工地或小型构件厂使用,则可以在加工过程中采取准确的计量手段,选择最佳的工艺,根据不同需要,大量使用混合材料拌制成不同性能的混凝土,从而达到节约水泥、提高原材料利用率的目的。据计算,制造1立方米混凝土所需的水泥使用量,采用集中搅拌的方式一般能比分散搅拌减少20~30千克。

三、流通加工的合理化

(一)不合理的流通加工

虽然流通加工能够起到方便流通和消费的作用,但如果流通加工活动组织得不合理,则仍然会给商品流通带来负面效应。不合理的流通加工主要有以下几种情况。

1.流通加工地点的不合理设置

流通加工地点的合理布局是使流通加工具有有效性的重要前提。一般来说,以衔接单品种、大批量生产与多样化需求为目的的流通加工,其地点应设置在需求地,以发挥大批量的干线运输与多品种末端配送的物流优势;如果设置在生产地,则可能会出现多品种、小批量产品由产地向需求地长距离运输的不合理情况及在生产地增加了一个流通环节的同时又增加了近距离运输、装卸、储存等一系列的物流活动,而以方便物流为目的的流通加工,其位置应设在产出地;如果设置在消费地,不仅不能解决物流的问题,而且又增加了一个中转环节,影响商品流通的效率。

此外,在生产地、消费地设置流通加工环节的选择正确的前提下,如果在小地域范围内选址不当仍然会出现交通不便、加工地与生产企业或用户之间距离较远、周围环境条件不好等不合理情况。

2.不恰当的流通加工方式

流通加工并非是对生产加工的替代,而是对生产加工的辅助和完善,因此,流通加工与生产加工之间存在着合理分工的问题，通常，工艺复杂、技术装备要求高的加工活动应由生产环节来完成，对于那些可以由生产过程延续或轻易解决的问题，如果设置流通加工环节，则会导致时间和资源的浪费，产生不合理性。所以，流通加工的对象、流通加工的工艺和技术、流通加工的程度等都应以此为原则。

3.流通加工未充分发挥作用，形成多余环节

流通加工的主要目的是方便物流与消费，因此，如果流通加工活动对这两个方面都没有太大的促进作用，则反而会增加一个多余的作业环节，影响物流效益和效率。例如，流通加工过于简单，对生产或消费作用不大，或者流通加工具有盲目性，不能真正解决品种、规格、包装等问题。

4.过高的流通加工成本，未实现预期效益

较高的投入产出比是流通加工的重要优势之一。如果流通加工成本过高，则不但不能实现以较低投入实现更高价值的目的，还可能增加流通费用，影响流通加工企业（部门）的经济效益。

（二）流通加工合理化的基本途径

要实现流通加工的合理化，须注意解决以下几个问题。

第一，流通加工要与配送合理结合，即将流通加工地点设置在配送场所，一方面可以按照配送需要进行加工；另一方面使加工作业与配送业务流程中的分货、拣货、配货等环节合理衔接，成为其中的一个环节，经流通加工后的商品可以直接进行配送作业。这样就无须单独设置一个独立的加工环节。流通加工与周转流通之间的这种巧妙结合，在实现合理化的同时也有助于配送服务水平的提高。

第二，流通加工要与合理运输相结合，即有效利用支线运输转干线运输或干线运输转支线运输这一本来就必须停顿的环节进行流通加工。在运输的这种中转停顿点上，按照干线或支线运输合理化的要求对商品进行适当的加工，可以大大提高运输转载水平。

第三，流通加工与配套相结合。在对配套要求较高的流通中，配套的主体来自各个生产单位，但是，完全配套有时无法全部依靠现有的生产单位，进行适当流通加工，可以有效促成配套，大大提高流通的桥梁和纽带的能力。

第四,流通加工与合理商流相结合。通过流通加工有效促进销售,使商流合理化,也是流通加工合理化的方向之一。流通加工要适应客户需要,使经过流通加工后的产品能够满足客户或消费者各方面的具体要求,这样,既为客户创造了更大的转移价值,同时也使流通加工能够发挥对商品销售的促进作用。

第五,流通加工与节约相结合。节约能源、节约设备、节约人力、节约消耗是流通加工合理化过程中需要考虑的四个重要因素。对于流通加工合理化的最终判断,要看其是否最终实现了社会效益与企业效益的最优化。对流通加工企业而言,应把社会效益放在首位。流通加工也应遵循绿色原则,尽量将分散加工转向专业集中的流通加工,以规模作业方式提高资源利用率。采用清洁生产方式,减少环境污染,集中处理流通加工中产生的边角废料,减少废弃物污染等。

第八章　供应链绩效评价与激励

第一节　供应链绩效评价概述

一、供应链绩效评价的概念

从事任何一项工作，都要通过对该工作所产生的效果实行度量和评价，以判断这项工作的绩效及其存在的价值。绩效评价是管理控制的重要一环，有助于企业更有效地管理资源及衡量并控制目标，是指运用一定的技术方法，采用特定的指标体系，依据评价标准，按照一定的程序，通过定量、定性对比分析，对业绩和效益做出客观、标准的综合判断，真实反映现时状况，预测未来发展前景的管理控制系统。

在供应链管理中，供应链绩效评价是供应链管理的重要组成部分，为了使供应链健康发展，达到供应链绩效管理的目的，就必须全面、科学地分析和评价供应链的运营绩效。供应链的绩效评价是监视供应链的运作状态、控制供应链效果、改进供应链管理的依据，合适的评价有利于促进供应链管理水平的提升。供应链涉及供应商、制造商、批发商、零售商等多个参与主体，因此，需要对供应链的绩效进行客观、全面的评价。下面我们对供应链绩效评价进行具体分析。

客体：供应链整体及其组成成员。

范围：供应链内部绩效、外部绩效和综合绩效。

内容：涉及反映供应链运营状况和运营关系的各种指标，跨越事前、事中和事后整个绩效管理的过程。

目的：判断绩效计划的实施是否在各种约束条件下达到了预定目标；分析绩效计划与实际结果的差距及其原因，为进一步的绩效改进奠定基础。

综上所述，供应链绩效评价是指围绕供应链管理的目标，对供应链整体、各个环节的运作状况和各环节之间的协作关系等进行的事前、事中和事后的分析评价。

二、供应链绩效评价的特点

（一）现行企业绩效评价的特点

现行企业绩效评价指标侧重于单个企业，评价其某个具体的内部职能部门或职工个人，或者是片面地评估某一供应商的运营情况，其评价指标在设计上一般具有以下特点。

1. 反映滞后

总体表现为时间上的滞后。现有企业绩效评价的数据多来源于财务结果，在时间上略为滞后，不能反映供应链动态运营情况。

2. 局部测评

现行企业绩效评价主要评价企业职能部门工作完成情况，不能对企业业务流程进行评价，更不能科学、客观地评价整个供应链的运营情况。

3. 事后分析

现行企业绩效评价指标不能对供应链的业务流程进行实时评价和分析，而是侧重于事后分析。因此，当偏差被发现时，其危害和损失已经造成，并且往往难以补救。

因此，为衡量供应链整体运作绩效，摒除其缺陷，使决策者能够及时了解供应链整体情况，我们应设计出更适合于度量供应链企业绩效的指标和评价方法。

（二）供应链绩效评价指标的特点

1. 侧重于供应链的整体绩效评估

它是根据供应链管理运行机制的基本特征和目标，反映供应链整体运营状况和上、下节点企业之间的运营关系，而不是孤立地评价某一节点的运营情况。它不仅要评价该节点企业的运营绩效，而且还要考虑该节点企业的运营绩效对其上、下节点企业或整个供应链的影响。例如，某一供应商所提供的某种原材料成本和价格尽管很低，但是其加工性能较差，不能满足该节点企业的生产工艺要求，这势必会增加下游企业的生产成本，影响生产效率，进而影响整个供应链的成本和效率。

2 基于业务流程的绩效评价

单个企业的绩效评价一般是基于部门职能的绩效评价，评价对象是企业的内部职能部门或职工个人。而供应链绩效评价一般是基于业务流程的绩效评价，其目的不仅是要获知企业或供应链的运作状况，更重要的是要找出优化企业或供应链的流程。

3. 难度较大

供应链要求整体、全面地评价，这使得供应链绩效评价难度增大。建立一套有效的供应链绩效评价体系对供应链的发展非常重要，但目前成熟的供应链绩效评价体系并不多见。其主要原因在于：与单一企业相比，供应链的运作是非常复杂的；供应链绩效因某些方面的指标难以量化，很难建立简便、合理的绩效标准；供应链之间因差异较大而难以建立可供比较的标准。

三、供应链绩效评价的作用

良好的供应链绩效评价对提升供应链整体价值具有重要的意义，主要表现在以下几个方面。

(一)对整个供应链的运行效果做出评价

能反映供应链的整体竞争能力和供应链成员间合作状态，为供应链在市场中的存在、组建、运行和撤销的决定提供必要的客观依据。通过绩效评价，管理者能够充分掌握整个供应链的运行状况，并通过分析找出不足及其原因，及时采取措施予以纠正，为进一步改进供应链运行效果奠定基础。

(二)对供应链上各个成员企业做出评价

供应链上各个成员企业可以根据供应链绩效评估对自身行为、成绩做出评价，从而可以不断吸收新的相关企业加盟，剔除不良企业，激励或惩戒成员企业，加强管理。

(三)对供应链内企业与企业之间的合作关系进行评估

评估主要考察供应链的上游企业(如供应商)对下游企业(如制造商)提供的产品和服务的质量，从用户满意度的角度衡量上、下游企业之间的合作伙伴关系的好坏。

(四)对连带企业的激励作用

它包括核心企业对非核心企业的激励,也包括供应商、制造商和销售商之间的相互激励。

总之,供应链绩效评价是对供应链整体运营状况和供应链节点企业之间运营关系及供应链节点企业的运营状况进行的综合评价。其最终目的不仅是要了解企业或供应链的运营状况,更重要的是优化供应链的业务流程,为供应链管理体系的优化提供科学的依据。

四、供应链绩效评价的目标

(一)时间压缩

降低订货到发运的循环期,如果生产和物流的流程能够在较少的时间内完成,那么供应链中所有的实体都能够更为高效地运转,从而最终降低供应链中的库存。通过降低订单交付时间周期,现金周转率也会得到相应的提高。时间压缩意味着供应链中的信息和产品流能够十分迅速、流畅地传递。

(二)提高柔性

柔性响应意味着供应链系统中各个企业能够迅速根据客户的独特需求进行个性化的操作,也意味着客户的需求能够在合理的成本效率下得到快速满足及具有较高的处理客户临时性需求的正常运作能力。

(三)减少浪费

供应链企业试图通过尽量降低功能重叠,协调运作系统及提高质量来寻找减少整个供应链浪费的途径。供应链内部存在着大量的库存节点,导致整个系统积压大量的资源,影响了供应链的竞争力。若供应链企业之间能够达到运作上的统一性和一致性,协调的系统中所传递的信息就可以做到及时、高质量和互动,从而降低不必要的活动,以此达到减少浪费的目的。此外,保持资产、产品、运作体系的质量是整个供应链降低浪费的基础。

(四)资本利润

供应链企业高效、准时地满足客户需求的最终目的就是获取供应链企业的资本利润。最常用的指标就是降低成本,以提高边际收益。现金流将会因供应链企业的集成运作和减少浪费而得到改善,而柔性和时间绩效的提高则为供应链赢得和留住原有客户群、保证供应链长期盈利提供了可能。

从本质上而言,供应链压缩提前期、减少浪费都是从资源观的角度降低或减少供应链的资源浪费,提高资源的利用率,为提高供应链的利润创造空间;而增加供应链的柔性,降低了机会成本损失,减少了因为内部流程的效率降低所造成的客户订单流失,从而增加了供应链的盈利机会。可以说,供应链的价值成为评价的核心,绩效评价体系最终反映供应链的价值。

第二节　供应链绩效评价体系

一、供应链绩效评价的内容

进行供应链绩效评价时,以企业为分界点,通常将具体评价内容分为以下三方面:内部绩效评价、外部绩效评价和供应链整体绩效评价。

(一)内部绩效评价

内部绩效的评价主要是对供应链上的企业内部绩效进行评价。内部绩效评价着重将活动和过程同以前的作业和(或)目标比较。例如,客户服务可以与上期实绩比较,也可以与本期的目标比较。由于管理层理解这种信息来源,而且相对比较容易收集所需信息,所以内部评价常被使用。主要评价内容包括以下几点。

1.成本管理

最直接反映物流绩效的是完成特定运营目标所发生的实际成本。由于成本绩效经常是以每一项职能所花费的总额作为评价指标,所以,常常需要对具体的物流职能,如仓储、运输和订单的处理等的成本数据进行监控和汇报。

2.顾客服务

顾客服务考察的是供应链内部企业满足用户或下游企业需要的相对能力，包括服务的可得性、运作绩效和服务可靠性。

(1)可得性

可得性可以通过一个组织的操作的完成比率得到反映。然而，需要指出的是，完成比率的评价方法有很多种。例如：

$$货物完成比率=\frac{交付给客户的货物数量}{客户订购的货物数量}$$

$$产品线完成比率=\frac{完全交付给客户的订单产品数量}{客户订购的订单产品线数量}$$

$$价值完成比率=\frac{交付给客户的总价值}{客户订单的总价值}$$

$$订单完成比率=\frac{完全交付给客户的订单数量}{客户订单数量}$$

很明显，使用订单完成比率来评价与产品可得性有关的公司的绩效，是一种最严格的方法。根据这种评价标准，如果在某个产品线上哪怕仅仅遗漏了一件货物，订单也被看作没有完成。因此，公司也常常会特别跟踪某个时期内出现的缺货数目和延迟交货的数目，并将它们作为服务可靠性的评价指标。

(2)运作绩效

运作绩效解决和时间有关的问题，在一般情况下，可以通过平均订货周期时间、订货周期时间的一致性和(或)准时交货来评价运作绩效。

平均订货周期时间指的是从接到订单到交货给客户平均所用天数(或其他时间单位)。订货周期一致性是对大量的订货周期进行评价，并把实际绩效与计划绩效进行比较。

例如，假定平均订货周期时间是5天，如果有20%的订单在2天内完成，30%的订单在8天内完成，那么这就与平均周期有很大的不一致性。当交货日期或时间由客户确定时，最严格的订货周期能力评价指标是准时交货，即真正满足客户交货需求的次数的百分比。

3.生产率

生产率评价供应链内部企业的组织绩效，一般用于评价生产某种产品的投入与产出之间的相对关系。

物流执行人员十分关注劳动力的生产率评价问题。虽然劳动力投入的量化可以有许多方式，但其中最典型的方式是使用劳动力费用、劳动时间或单个雇员来确定。

典型的运输劳动力生产率指标包括每个雇员、支付的每个劳动力费用及单位劳动时间内所运送或交付的货物数量。

仓储劳动生产率的评价指标可以是每个雇员、每个劳动力的费用或单位劳动时间分拣或存储的货物数量。

4.资产管理

资产管理的重点是投资在设施和设备上的资本的利用，同时还有投资在库存上的营运资本的利用。设施、设备、存货是一个企业资产的重要组成部分，主要注重对注入存货等流动资本的流转、固定资产的投资回报率，对于资产管理的评价目前受限于成本、收益的货币化评价，因而很少被纳入考虑范围。

5.质量

质量是内部绩效衡量最主要的内容，主要用以确定供应链企业所发生物流活动的效率。由于质量的范围非常广，因此对质量的衡量很难，目前作为折中的处理方法，通常根据“完美订单”来衡量物流运作的质量。完美订单关注的是整体的物流绩效，而非单一功能，它代表着理想的绩效。

(二)外部绩效评价

外部绩效评价主要是对供应链上企业之间运营状况的评价。主要包括以下几点。

1.用户满意程度

主要通过企业和行业组织调查或者系统的订货跟踪实现，由于难以精确地定量性衡量，一般以询问关于供应链企业与竞争者的绩效入手，以可靠性、订发货周期、信息的可用性、问题处理情况和物流运作质量等指标作为补充。此外，考虑的问题中还可以包括了解客户对竞争对手的绩效的印象。只有通过收集来自客户的数据信息，才能够真正地评价满意度。

2. 最佳实施基准

基准同样是绩效评价的关键方面，它使管理者了解到一流的经营运作。许多公司已经把基准作为一种工具，比照顶尖公司来评价自身的运作情况，这些顶尖公司既包括竞争对手也包括非竞争对手，既包括本行业也包括不相关的行业。虽然基准绩效评价标准已经成为标准的操作习惯，但许多公司却不用它来评价过程。

有关基准的一个关键问题是如何选择基准评价的对象。许多公司对企业内部涉及相似运作的单元的绩效或处于不同地区的运作单元的绩效进行比较。例如，强生公司的运作单元超过 150 个，所以有充足的机会进行内部基准评价。由于从事多种经营的大公司的运作单元经常不知道其他单元中所发生的事情，因此内部基准提供了共享信息和改进绩效的渠道。

（三）供应链整体绩效评价

供应链之间的竞争日益激烈引起人们对供应链整体绩效的日益重视，要求能够提供总体的评价方法，并且这种方法必须是可以比较的，既能适应于企业的功能部门，又适用于分销渠道，如果缺乏整体的绩效评价，就可能出现制造商对用户服务的看法和决策与零售商的想法背道而驰的现象。供应链整体绩效评价主要包括以下几个方面。

1. 总成本

与内部绩效评价中以完成特定运营目标所发生的成本不同，供应链整体绩效评价中的成本是总成本，供应链整体所发生的成本均应纳入考虑范围，而不是单个公司的成本。仅仅关注单个公司的成本也许会导致局部优化和一家公司将费用转移到另外一家公司。如果供应链管理的目标是降低总成本，那么一个组织经历成本的提高，而供应链其他的组织经历成本的减少的假设就是合理的。只要总成本的降低大于供应链中的某个成员的成本的增加，则供应链作为整体就可以进行改进。于是那些成本减少的公司就有责任将利益分割给那些成本增加的公司以作补偿。这种在运作整合的变革中共享利益和共担风险的意愿是供应链管理的真正核心。

2. 顾客服务

评价供应链企业所能提供的总的客户满意程度，主要包括完美订货、用户满意程度和产品质量，而此处的完美订货、用户满意程度、产品质量等指标都是就供应链整体而言，因而对各企业此类指标的衡量是实现整体评价的基础。

3. 供应链反应时间

综合供应链绩效的一个有趣的和极有意义的评价标准是供应链反应时间(SCRT)。SCRT 可以通过需要的时间来计算，即一家公司认识到市场需求的根本性变化，将这一发现内在化，然后重新计划和调整产量来满足该需求所需要的时间。例如，在汽车工业中，当发现市场上对运动型汽车(SUV)的需求极高时，汽车公司往往要花好几年时间来开发充足的生产量和能力，重新安排供应商关系，并满足消费者的需求。在大多数情况下，一个真实的 SCRT 评价标准实际上是一个理论的近似值，而不是一个真正的评价方法。然而，当供应链管理人员考虑整个供应链(包括从原材料来源到最终分销)需要多长时间才能准备好，以面对产品需求比预期的大(小)很多的情况时，SCRT 就极为有用了。

4. 资产

为实现供应链目标而对企业设施和设备的资产及流动资本的使用情况进行评价，主要包括库存、设施及设备等相当大的资产负债，资产评价基本集中于在特定资产水平支持下的评价，一般测量资金周转时间、库存周转天数、销售额与总资产比率等资产绩效。

二、供应链绩效评价的原则

供应链绩效评价是一项复杂的系统工程。基于供应链管理的企业绩效评价体系有其自身特点，评价内容也比现行企业绩效评价体系更为广泛，涉及供应链上的每一个企业及这些企业内部各要素。在实际操作中，为了科学、客观地反映供应链的运作情况以更有效地进行供应链绩效评价，绩效评价指标的选择和供应链绩效评价指标体系的构建应遵循以下原则。

(一)目的性原则

设计供应链绩效评价指标体系的目的在于衡量现有供应链战略、规划和运作诸方面的绩效，找出供应链的“瓶颈”所在，指出使供应链协调的改进方向，促使供应链健康发展。供应链绩效评价指标的选择应以实现供应链战略目标、提高供应链绩效为最终目的。

（二）整体性原则

供应链绩效评价不仅要反映单个供应链节点企业运行绩效和该节点绩效对整体供应链的影响，而且要反映整个供应链的运作情况，因此，应尽量把评价的对象扩大到供应链上所有的相关企业和所有供应链成员之间的关系。

（三）经济性原则

实施供应链绩效所获得的收益要大于其成本。供应链绩效评价指标体系的设计应考虑到能以最少的投入创造最大的产出。经济性在评价指标体系中应处于重要的位置，要求指标体系的设计要尽量简化、重点突出，从而使指标体系在实践中易于操作、切实可行。供应链绩效评价涉及信息的收集、整理和分析，需要相应的组织体系支持，这些都是要花费成本的。另外，绩效评价是一个持续进行的过程，应根据经济性原则，合理确定绩效评价实施的时间间隔。

（四）层次性与突出重点相结合原则

应根据整个供应链的各个层次和各个环节的组成情况，来选择和确定不同层次的评价指标，在每一层次的指标选取中应突出重点，关键绩效指标对供应链战略目标实现和对供应链绩效管理有重大影响，应能对它进行重点分析。

（五）定性与定量相结合的原则

评价指标应该既包括容易用定量数值表示的技术经济指标，又包括难以量化的社会环境指标，以便更加全面、客观地评价供应链绩效。供应链绩效评价是一个比较抽象的概念，评价对象复杂，有些问题难以量化，有些问题不进行量化又难以说明。在评价供应链绩效时应综合考虑定量指标和定性指标，遵循定量分析和定性分析相结合的原则。另外，供应链绩效评价应尽量以定量分析为主，对定性指标在明确其含义的基础上按照某种标准赋值，使其能够恰如其分地反映供应链绩效评价的性质。

(六)结果性与过程性绩效并重原则

对供应链业务流程进行实时评价与分析能起到事中控制的作用,同时也可以使评价过程和评价体系更加透明与互动,在一定程度上规避了评价主体的主观因素产生的风险。因此,不仅要重视定期的结果性绩效的评价,而且要重视基于供应链业务流程的过程性绩效的评价。

(七)注重长期利益与短期利益、整体利益与局部利益的权衡

从保证供应链持续健康发展的角度来讲,在进行供应链绩效评价时应注意使短期利益服从长期利益,局部利益服从整体利益,避免鼓励短期行为和局部优化的绩效评价。

三、供应链绩效评价的步骤

(一)确立绩效评价指标体系

根据供应链绩效评价的原则和绩效评价的内容,采用一定的方法,合理地选择绩效评价指标,确定相互联系的绩效评价指标体系。

(二)确定各指标的权重

根据各项指标在指标体系中的地位和作用,赋予它们不同的权重。有关权重的确定方法有很多,如层次分析法和模糊计算法等,可以根据客观实际和绩效评价工作的需要予以确定。

(三)制定各指标的评价标准

1. 历史标准

根据供应链运作绩效的历史数据,结合供应链实时信息和市场变化等情况,确定新的绩效评价指标标准。

2. 国家标准或行业标准

这是政府有关部门或行业协会制定的管理标准。

3. 标杆标准

标杆标准即以业绩优秀的供应链为学习和借鉴的标杆，将其绩效指标作为评价本供应链的绩效标准。

（四）数据收集和处理

按照供应链绩效评价的要求进行数据收集。在收集数据工作中，会出现数据冗余、数据错误、数据空缺和不同源数据一致性问题，因此应对原始数据进行处理，包括去除冗余、纠错、缺值处理和属性归一处理等。

（五）计算和评价供应链绩效

选择适当的方法，根据收集和处理的数据进行计算，确定反映供应链绩效的具体指标，将绩效计算结果与绩效评价指标标准值进行比较，得出绩效评价初步结论。并由专家对各项指标进行评分，按照事先确定的权重计算供应链整体绩效的综合评分，得出整体绩效评价结果。

（六）绩效控制和改进

分析绩效评价结果，找出供应链中存在问题的环节，对其进行调整和改造。同时，根据实际情况提高或降低有关指标的标准值，或者改变某些指标在体系中所占权重，对原绩效评价体系进行修改。

四、供应链绩效评价指标

基于供应链评价的内容和原则，评价供应链绩效时应综合考虑供应链业务流程、供应链上下游各节点间的关系等方面。不同的供应链企业，其评价侧重点和具体评价指标可以不同，一般可考虑以下供应链绩效评价指标体系。

（一）反映供应链业务流程的评价指标

这里的供应链业务流程是指从最初的供应商到最终的客户为止的整个过程。

1. 产销率指标

产销率是指在一定时期内已销售出去的产品和已生产的产品数量的比值。

产销率（RSP）的计算公式为：

$$RSP=\frac{S}{P}$$

式中：

S——一定时期内已销售出去的产品数量；

P——一定时期内生产的产品数量。

产销率指标还可以分为供应链节点企业产销率、核心企业产销率和供应链产销率等更具体的指标。其中，供应链产销率是指一定时期内供应链节点企业已销售出去的产品数量之和与已生产的产品数量之和的比值。公式为：

$$RSP=\frac{\sum S_i}{\sum P_i}$$

式中：

S_i——一定时期内第 i 个企业已销售出去的产品数量；

P_i——一定时期内第 i 个企业生产的产品数量。

该指标可反映供应链各节点企业在一定时期内的产销经营状况、供应链资源（包括人、财、物、信息等）有效利用程度、供应链库存水平。该指标值越接近 1，说明供应链节点企业的资源利用程度越高，同时也反映成品库存越小。

2. 平均产销率绝对偏差指标

平均产销率绝对偏差指标反映在一定时期内供应链的总体库存水平。其值越大，说明供应链成品库存量越大，库存费用越高；反之，说明供应链成品库存量越小，库存费用越低。公式为：

$$SP_{ABS}=\frac{\sum_{i=1}^{n}|P_i-S_i|}{n}$$

式中：

n——供应链节点企业的个数；

S_i——一定时期内第 i 个企业已销售出去的产品数量；

P_i——一定时期内第 i 个企业生产的产品数量。

3. 产需率指标

产需率是指在一定时期内，供应链各节点已生产的产品数（或提供的服务）与其下游节点（或用户）对该产品（或服务）的需求量的比值。公式为：

$$RPD=\frac{P_i}{D_{i+1}}$$

式中：

P_i——一定时期内某节点(i)已生产的产品数(或提供的服务)；

D_{i+1}——一定时期内下游节点($i+1$)对该产品(或服务)的需求数。

该指标反映供应链各节点间的供需关系。产需率越接近1,说明上、下游节点间的供需关系协调,准时交货率高,反之则说明上、下游节点间的准时交货率低或综合管理水平较低。在实际评价中,可以将“瓶颈”环节即产需率最低的节点的产需率作为企业供应链产需率总体评价的指标值。

4.产品出产(或服务)循环期指标

供应链产品出产(或服务)循环期是指供应链各节点产品出产(或服务)的出产节拍或出产时间间隔。该指标可反映各节点对其下游节点需求的响应程度。循环期越短,说明该节点对其下游节点的快速响应性越好。

在实际评价中,可以以各节点的循环期总值或循环期最长的节点指标值作为整个供应链的产品出产(或服务)循环期。

5.供应链总运营成本指标

供应链总运营成本指标反映的是供应链运营活动的经济性,它包括供应链通信成本,各种物料、在制品、成品库存费用,各节点企业内外部运输总费用等。

6.管理成熟度指标

供应链管理成熟度(SMM)是用来衡量供应链整体绩效的一项综合性的评价指标,它能够及时准确地获得供应链运营状况的信息,及时采取有效的措施,调控供应链节点中所有企业的运营方式,提高运营效率。供应链管理成熟度可以从管理结构、管理策略和管理环境三个方面的指标进行评价。借助于SMM分析,可及时发现供应链体系中的制约因素,并进行调整,以保持供应链的动态优化。

(二)对供应链上下节点间关系的评价

1.准时交货率指标

准时交货率是指在一定时期内供应链各节点准时交货(或服务)次数占其总

交货(或服务)次数的百分比。准时交货率低,说明其协作配套的生产(服务)能力达不到要求,或对生产(服务)过程的组织管理能力跟不上供应链运行要求,反之,则说明供应链的生产(服务)能力强,生产管理水平高。

2.成本利润率指标

成本利润率是指单位产品净利润占单位产品总成本的百分比。在市场经济条件下,产品价格是由市场决定的,因此,在市场供需关系基本平衡的情况下,供应商生产的产品价格可以看成一个不变的量。按成本加成定价的基本思想,产品价格等于成本加利润,因此产品成本利润率越高,说明供应商的盈利能力越强,企业的综合管理水平越高。在这种情况下,由于供应商在市场价格水平下能获得较大利润,其合作积极性必然增强,必然对企业的有关设施和设备进行投资和改造,以提高生产效率。

3.产品质量合格率指标

产品质量合格率是指供应链各节点提供的质量合格的产品(服务)数量占产品(服务)总产量的百分比。它反映了供应链节点提供货物的质量水平。不合格的产品数量越多,则产品的合格率越低,说明供应商提供产品的质量差。供应商必须承担对不合格的产品进行返修或报废的损失,这就增加了供应商的总成本,降低了其成本利润率。因此,产品质量合格率指标与产品成本利润率指标密切相关。同样,产品质量合格率指标也与准时交货率密切相关,因为产品质量合格率越低,就会使得产品的返修工作量加大,必然会延长产品的交货期,使得准时交货率降低。

4.售后服务质量指标

售后服务质量指标定性地评价供应链各节点在销售产品或提供服务后,对产品进行跟踪服务的质量。在竞争激烈的市场环境下,售后服务成为竞争对手间展开非价格竞争、留住客户、挖掘客户潜在需求的主要手段。售后服务质量评价指标主要有客户售后服务响应时间、一定时期内客户访问次数、产品(服务)返修率、客户投诉次数等。

五、供应链绩效评价的方法

供应链绩效评价的方法有很多,如层次分析法(analytic hierarchy process,

AHP)、ROF法(resources,output,flexibility)、供应链运作参考模型法(supply chain operations reference,SCOR)、基于作业的成本法(activity－based costing,ABC)等。

(一)层次分析法

层次分析法是美国运筹学家、匹兹堡大学教授萨蒂于20世纪70年代中期提出的。其基本思路是:评价者首先将复杂问题分解为若干组成要素,并将这些要素按支配关系形成有序的递阶层次结构;然后通过两两比较,确定层次中诸要素的相对重要性;最后综合各层次要素的重要程度,得到各要素的综合评价值,并据此进行决策。层次分析法是一种实用的定性与定量分析相结合的多准则决策分析方法,特别是将决策者的经验判断予以量化,对目标结构复杂且缺乏必要的数据情况更为实用,具有实用性、系统性和简洁性等优点。

层次分析法后来被引入供应链管理领域,成为绩效评价的一种新方法。有的学者研究利用模糊数学的方法确定层次分析法指标的权重,形成了模糊层次分析法。有的学者对模糊层次分析法加以改进,在构造评价矩阵时引入时间参数,达到动态分析评价供应链绩效的目的,形成了动态模糊层次分析法。

(二)ROF法

ROF法由Beamon于1999年提出。为避免传统绩效评价中出现的问题,他提出了三个方面的绩效评价指标,可以反映出供应链的战略目标:资源(resources)、产出(output)和柔性(flexibility)。资源评价和产出评价在供应链绩效评价中已经得到了广泛的应用,而柔性指标则在应用中比较有限。这三种指标都具有各自不同的目标。资源评价(成本评价)是高效生产的关键,产出评价(客户响应)必须达到很高的水平以保持供应链的增值性,柔性评价则要求在变化的环境中快速响应。它们之间是相互作用、彼此平衡的。

Beamon认为,供应链评价系统必须从以下三个方面进行评价。

一是资源评价(R):包括对库存水平、人力资源、设备利用、能源使用和成本等方面。

二是产出评价(O):主要包括客户响应、质量及最终产出产品的数量。

三是柔性评价(F):主要包括范围柔性和响应柔性两种。

(三)SCOR 法

供应链运作参考模型(SCOR)是美国供应链管理协会于 1996 年提出的供应链管理模型,国际供应链委员会制定了 SCOR 的绩效标准,目前得到了许多国家的推广与应用。

SCOR 为了体现“从供应商的供应商到客户的客户”的供应链管理思想,覆盖了从订单到付款发票等的所有客户的交互环节、“供应商的供应商”到“客户的客户”的所有物流转运、所有的市场交互、总体需求的了解和每份订单的执行。供应链运作参考模型提供了涵盖整个供应链的绩效评价指标。

1. SCOR 模型的构成

SCOR 模型主要由四个部分组成:供应链管理流程的一般定义,对应于这些流程的性能指标基准,供应链“最佳实施”的描述及选择供应链软件产品的信息。

2. SCOR 模型的管理流程

SCOR 模型将供应链的运作分为计划、采购、制造、分发和退货五个过程。

(1)计划

企业制定一套策略来管理所有的资源,使产品或服务满足客户的需求。它主要包括以下活动:评估供应源,对需求进行综合,制定优先级,库存计划,分销计划,生产、物料及所有产品和渠道的能力规划。

(2)采购

在了解企业生产经营物资需求的基础上,寻找和选择合理的供应商,并就价格和服务等相关条件进行谈判并加以实施,以确保满足需求。它包括供应商认证和反馈,供应源质量、运费,供应商合同和支付方式等。

(3)制造

这是将原料和部件转变为符合计划或实际需要的最终产品的过程,是整个供应链运作过程中最能够用量化指标来衡量绩效的部分。有关指标包括生产率、产品合格率及员工生产力等。

(4)分发

这一过程的活动包括:提供最终产品和服务,以满足规划的或实际的需求;安排运输和选择承运商,将产品按客户需求配送到客户手中,并建立相应的收款渠道。

(5)退货

把原材料退还给供应商及接受客户对最终产品的退货。它处理关于缺陷产品、过剩产品和维修产品的逆向物流和信息流。

3.基于SCOR模型的供应链评价指标体系

结合SCOR模型提出对供应链性能进行衡量的一些指标,采用定量指标与定性指标、实时性与动态性相结合的方法进行分析,从供应链可靠性、响应性、柔性、运营成本和运营绩效五个方面来衡量供应链绩效。

(1)供应链可靠性

供应链可靠性是指供应链中交付的绩效,具体含义是正确的产品在正确的地点和正确的时间以正确的质量要求及正确的包装和使用说明来交付给正确的顾客。供应链可靠性指标主要有交货能力、订货满足率、订货提前期、订单完全执行率等。

(2)供应链响应性

供应链响应性是指供应链中产品交付给最终顾客的速度及对未预知的需求做出快速反应等。在供应链环境中,企业竞争必须建立基于时间的竞争观念,在任何一个成熟行业中,谁能够实现将它的产品和服务以最快的速度交付到顾客手中,谁就能在竞争中确立优势地位。因此,缩短供应链各个阶段的循环周期是企业实现供应链快速响应的一个重要手段。

(3)供应链柔性

供应链柔性反映供应链灵活有效地应对顾客变化的敏捷能力。供应链柔性包含产品柔性、生产柔性、新产品柔性和销售柔性四个方面。

产品柔性是指满足特殊订单和顾客的要求,实现定制化的能力。

生产柔性是指对上游企业,承受非计划20%的增产的能力;对下游企业,在没有存货或成本损失的情况下,在交货期30天之前承受订货减少的能力。

新产品柔性是指快速引入新产品的能力及实现产品多样化的能力。

销售柔性是指根据目标市场的需求有效地扩展和压缩销售渠道的能力。

(4)供应链运营成本

供应链运营成本是指供应链相关成本的总和,包括管理信息系统、财务、计划、存货、物料采购和订单管理等成本。主要指标包括供应链管理成本、产品销售成本、增值生产率、退货成本等。企业既可以通过知识共享和学习曲线缩短新产品的开发周期,又能通过物流外包活动减少处理和运送废旧回收品所花费的精力。

(5)供应链运营绩效

具有竞争力的供应链必然是供应链上企业共同作用的结果,因此供应链上企业的运营绩效也关系到供应链的整体绩效。核心企业的运营绩效包括以下几个方面:现金周转期、短期还债能力、资本结构、资产周转率、运营能力等。

(四)ABC 法

与现行成本计算方法不同,作业成本法提出成本动因和增值或非增值作业的概念,认为生产成本的计量应该建立在分解为成本动因的作业上,从而突出了作业流程中的核心作业或资源。这就为更精确地评价供应链的成本、作业分布奠定了基础。作业成本法并不是替代传统成本方法来进行绩效测量,而是从另一方面为供应链绩效评价提供信息来源。

安德森咨询公司于 1994 年发表了第二届精益企业的报告,这项工作在对 100 家世界级企业的调查基础上,在供应链流程控制方面提出了以下四个角度的评价。

(1)供应链质量

它包括物料进入生产流程的质量、组织内部的失误率、客户对质量的抱怨。

(2)供应链库存

它包括零部件的库存水平、装配领域的库存、完工产品的库存、库存更新率。

(3)供应链的时间绩效

它包括订货的频率、装配前准备时间、产品运货至客户的提前期、交货频率。

(4)进度安排

它包括确定客户订单到开始发运的时间间隔、对于主要供应商生产进度变动的影响、对于主要客户生产变动的影响。

参考文献

[1]付雅琴.当代物流与供应链管理研究以电子商务为视角[M].武汉:武汉大学出版社,2019.

[2]周永卫,丛萍.物流工程与供应链管理研究[M].北京:中国建材工业出版社,2019.

[3]徐鹏赢.物流与供应链金融[M].长春:吉林大学出版社,2019.

[4]刘伟华,刘希龙.服务供应链管理[M].北京:中国财富出版社,2019.

[5]周任重,姜洪,赵艳俐.高职高专物流类专业规划教材供应链管理[M].北京:机械工业出版社,2019.

[6]金宝辉.供应链管理[M].成都:西南财经大学出版社,2019.

[7]朱占峰,陈勇.供应链管理[M].北京:高等教育出版社,2019.

[8]杨国荣.供应链管理[M].北京:北京理工大学出版社,2019.

[9]冷志杰.农产品物流与供应链管理[M].北京:高等教育出版社,2019.

[10]肖静.供应链管理案例探究[M].长春:东北师范大学出版社,2019.

[11]潘瑶.物流视角下的供应链管理系统分析[M].延吉:延边大学出版社,2019.

[12]杨华龙,刘进平.供应链管理[M].大连:大连海事大学出版社,2019.

[13]卞文良.电能计量器具智能物流与供应链管理[M].北京:北京交通大学出版社,2019.

[14]杨晓英.精益智能物流与供应链管理创新方法及其应用[M].北京:中国经济出版社,2019.

[15]张远.供应链视角下电子商务企业物流成本的管理与控制[M].北京:中国水利水电出版社,2019.

[16]张良卫.国际物流学[M].北京:机械工业出版社,2019.